KB194168

작고 귀여운
× × × × ×
펠트 브로치

바느질이 처음이어도

작고 귀여운
× × × × ×
펠트 브로치

장혜미 지음 ∗ 서평화 그림

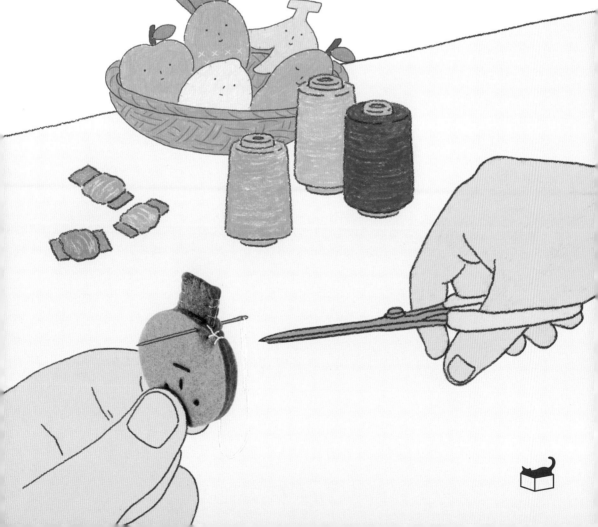

바느질을 좋아하는 '하루'는
작고 귀여운 펠트 브로치를 만드는 게 취미입니다.

여기는 하루의 방.

선반 위 낡은 틴케이스 안에는
하루가 만든 펠트 브로치 친구들이 모여 삽니다.

외출할 때마다 하루는
그중 한 친구를 데리고 함께 집을 나섭니다.
세상 구경을 하고 싶은
친구들은 하루의 선택을 기다리죠.

바깥 구경은 언제나 재밌습니다.
브로치 친구들은 사람들 앞에선 무표정하지만
아무도 보지 않을 때는
신나게 주변을 둘러보고 속닥속닥 수다도 떱니다.

모자나 가방을 타고 다닐 때도 있지만
때로는 하루의 심장 가까이,
가슴 한켠에 달려 하루의 마음을 듣기도 합니다.

저녁이 되어 하루가 집에 돌아오면
틴케이스에서 기다리던 브로치 친구들은
바깥나들이를 다녀온 친구에게
오늘 하루 무슨 일이 있었는지
밤새도록 듣곤 합니다.

볼이 뜨끈할 정도로 포근했던 햇볕이
거짓말처럼 사라지고,
차가운 바람 냄새가 나기 시작할 때쯤
하루가 돌아왔습니다.

신발을 벗고,
열쇠를 거울 앞 바구니에 던지는 소리가 났으니
이제 곧 친구들이 모여 있는
틴케이스집의 뚜껑이 열릴 거예요.

만날 장난칠 궁리만 하는 토마토와
말썽쟁이 강아지가
이상한 소리를 내거나, 움직이지 않도록
양말 씨가 쉿! 하고 눈치를 주네요.

하루의 발소리가 가까워지고,
브로치 친구들은 눈에 힘을 잔뜩 줍니다.
지금부터는 깜빡거리거나 인상을 쓰면 안 돼요.

이제 뚜껑이 열립니다.
하나, 둘, 셋!

어서 와, 하루.

뚜껑이 닫히고 하루가 방에서 나가자
브로치 친구들이
이제 막 돌아온 돌고래 주위로 우르르 모여듭니다.

하루가 오늘은 또 무슨 엉뚱한 일을 벌였을까요.
햇살을 받으며 어떤 길을 걷고,
누구를 만나 어떤 얘기를 했을까요.

"얼른, 얼른, 오늘 무슨 일이 있었는지 얘기해줘."
닭 반장이 재촉을 하자 모두 기대에 찬 표정으로 고개를 끄덕입니다.

"하루가 기분 좋다고 뛰어다니는 바람에 멀미하진 않았어?"
"오늘도 버스 맨 앞자리에 앉아서 꾸벅꾸벅 졸았지?"
내내 궁금했던 질문들을 여기저기서 쏟아내며,
친구들은 돌고래 앞으로 조금 더 다가가 앉습니다.

"그게 말이지,
오늘 바깥세상은 정말 밝고 따뜻했는데…

이상하게 하루의 마음속에서는
온종일 빗소리가 들렸어.

주룩주룩, 주룩주룩
어찌나 쉴 새 없이 내리는지
내가 그 속에서 헤엄칠 수도 있을 것 같았다니까."

돌고래의 말에 시끌벅적하던 친구들이 조용해집니다.
물방울의 볼이 걱정으로 빵빵하게 차오르고 있네요.

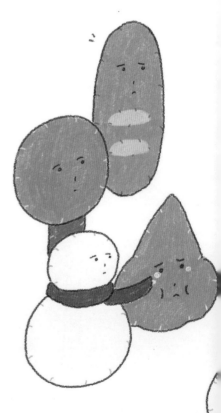

하루의 마음은 매일 달라요.
주머니에 달려 하루의 마음을 듣다 보면
그 미세한 차이를 느낄 수 있죠.

어떤 날, 하루의 마음에서는 온종일 노랫소리가 들립니다.
그런 날은 다른 날보다 빨리 걷고 가끔은 깡충깡충 뛰기도 해서
떨어지지 않게 주머니를 꼭 붙잡고 있어야 해요.

어떤 날, 하루의 마음에서는 투닥투닥 싸우는 소리가 들립니다.
다 갖고 싶은데? 그래도 안 돼.
아무 말도 하기 싫어. 말을 안 하면 오해할걸.

어떤 날은 알아들을 수 없는 고민들로 소란스럽기도 하고,
어떤 날은 한 사람의 이름만 수백 번씩 들리기도 합니다.

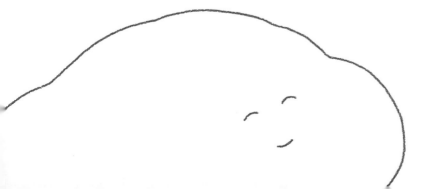

하지만 괜찮을 거예요.
어제는 비가 주룩주룩 내렸지만 내일은 조금 다를 테니까요.
이삼일쯤 빗소리가 계속된대도
언젠가는 다시 엉터리 콧노래 소리가 들려올 거예요.
그게 하루니까요.

내일도 언제나 그렇듯 하루는 제법 심각한 얼굴로
함께 외출할 친구를 고르겠죠?

과연, 어떤 친구가 바깥세상을 구경할까요?
내일 밤에는 무뚝뚝한 겨울산 씨마저
슬며시 미소 짓게 할 재미있는 이야기를 들을 수 있을까요?

이제 곧 날이 밝을 시간입니다.

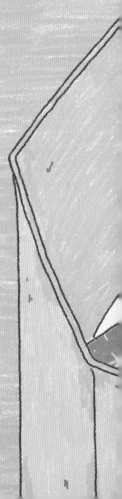

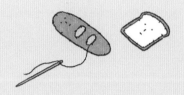

하루가 꼬물꼬물 만든
43가지 펠트 브로치를 소개할게요.

작은 펠트 위에 눈, 코, 입을 달고
이름을 붙여주면
금세 귀여운 친구가 된답니다.

우리도 하루에게 간단한 손바느질을 배워
함께 만들어볼까요?

Contents

PART 1 차근차근 기본 바느질

PART 2 기분 따라 바느질

하루네 베이커리

건강해지기로 해

노는 게 제일 좋아

별
059

나무
060

야구공 & 야구 배트
061

새콤달콤 과일바구니

복숭아
063

망고
064

레몬
065

바나나
066

파인애플
067

마음을 전해요

하트
069

편지
070

촛불
071

카네이션
072

파랑새
074

PART 3 계절 따라 바느질

봄나들이

봄산
079

벚꽃
080

나뭇잎
081

병아리
082

닭
083

여름의 소리

물방울
085

돌고래
086

개구리
087

수박
088

가을밤

낙엽
090

밤
091

고양이
092

온 세상이 하얗게

겨울산
095

구름
096

양말
097

동백꽃
098

눈사람
099

준비물

1. 펠트

펠트를 고를 때 기억해야 할 단어들이 몇 가지 있어요. 펠트는 색상과 두께, 가공 상태에 따라 종류가 다양해요. 그러니 작업에 적합한 펠트를 골라 사용하시면 됩니다. 각 제조사와 구입처마다 펠트를 부르는 이름도 색상도 달라서 정확하게 알려드리기 어렵지만, 몇 가지 단어만 알아두셔도 원하는 펠트를 쉽게 구입할 수 있어요.

① 두께 : 2~2.5mm
이 책에서는 주로 2~2.5mm 펠트를 사용합니다. 2mm 이하는 너무 얇아서 브로치 작업엔 적합하지 않더라고요.

② 가공 : 원색과 멜란
제가 주로 재료를 구입하는 업체인 '태양이네'에서는 선명한 원색을 '가방펠트'라고 불러요. 가방펠트는 색상이 혼합되지 않아 진한 것이 특징이에요. '멜란펠트'는 색상을 혼합하여 연하고 부드러운 느낌을 줍니다.

③ 질감 : 무수지와 유수지
무수지(소프트펠트)는 촉감이 부드럽고 모양을 변형하기 좋은 펠트입니다. 다양한 곡선 형태로 제작이 가능하고, 솜을 넣어 입체적으로 만드는 작업에 적합해요. 유수지(하드펠트)는 빳빳하게 모양을 잘 잡아주는 펠트예요. 작품의 배경이 되거나, 직각으로 모양을 잡는 작업에 적합합니다. 이 책에서는 수박의 얇은 속껍질을 1.2mm 유수지로 만들었어요.

2. 가위

펠트를 재단할 때, 종이 도안을 자를 때, 그리고 실을 정리할 때
가위가 필요해요. 저는 주로 재단할 때 패치워크용 가위를 쓰고
있어요. 이때 용도(원단/종이)에 따라 사용하는 가위를 구분하는
것이 좋은데요. 섞어서 사용하다 보면 가윗날이 빨리 무뎌진답니다.

3. 기화성 펜

기화성 펜은 바느질하기 전에 펠트 위에 원하는 모양을 미리
스케치할 때 사용해요. 기화성 펜으로 그린 부분은 시간이 지나면
자연스럽게 사라진답니다. 만약 바느질이 끝나도 계속 남아 있다면
손가락에 물을 묻혀 그 부분을 톡톡 적셔주세요. 물이 마르면서
기화성 펜으로 그린 부분이 바로 지워질 거예요.

4. 바늘

바늘은 반짇고리에 들어 있는 바늘이든, 자수용 바늘이든 어떤 것을
사용해도 괜찮아요. 바늘 크기는 실의 굵기에 따라 정해주세요.
바늘귀에 실 꿰기를 쉽게 하려고 무조건 큰 바늘로 작업을
하다 보면 펠트에 구멍이 생기거나 손목에 무리가 갈 수 있으니
조심하세요.

5. 실

제가 주로 사용하는 실은 20수 4합과 45수 2합 실입니다.
'수'는 실의 굵기이며 숫자가 클수록 얇아요. '합'은 실의 가닥 수로
숫자가 클수록 두꺼워요.

① 20수 4합
'청바지실'이라고도 불리는 굵고 튼튼한 실이에요. 브로치 친구들의
눈, 코, 입이나 잘 보이게 강조하고 싶은 부분에 사용해요. 이
책에서 펠트 브로치를 만들 때 '갈색 실'과 '굵은' 실이라고 표현한
것은 전부 20수 4합 실이에요.

② 45수 2합
재봉틀에 주로 사용하는 실로, '코아사'라고도 불립니다. 브로치의
앞장과 뒷장을 연결할 때, 브로치의 입체감을 주고 싶을 때
사용해요. 이 책에서 '흰색 실'과 '얇은' 실이라고 표현한 것은 전부
45수 2합 실이랍니다.
펠트 브로치를 만들 때 생각보다 많은 색깔과 종류의 실이 필요하지

않아요. 우선 집에 있는 실로 시작하는 것을 추천해요. 반짇고리를 열고 우리 집엔 무슨 실이 있는지 확인해보세요.

6. 옷핀

옷핀은 브로치 크기보다 작은 것을 고르면 돼요. 저는 2cm 일자 브로치 핀을 사용했어요. 옷핀에 실을 끼워 바느질할 수 있도록 옷핀 구멍이 있어요. 물론 글루건으로 고정해도 되지만, 바느질로 고정해주는 것이 더 튼튼하답니다.

펠트 및 부자재

① 태양이네 : www.etaeyang.com (온라인)
동대문 종합시장 A동 5048호 (오프라인)
② 디웨이 : www.dway.co.kr

부자재

① 삼성토탈 : 동대문 종합시장 지하 1층 A동 4-3호

PART 1 차근차근 기본 바느질

펠트 브로치 만들기 4단계

펠트 브로치는 만드는 과정도 작고 귀여워요.

1단계. 재단 도안을 대고 펠트를 잘라요.
2단계. 앞장 눈, 코, 입과 표현하고 싶은 것을 바느질해요.
3단계. 뒷장 항상 옷핀을 달아요.
4단계. 합체 앞장과 뒷장을 합하면 완성!

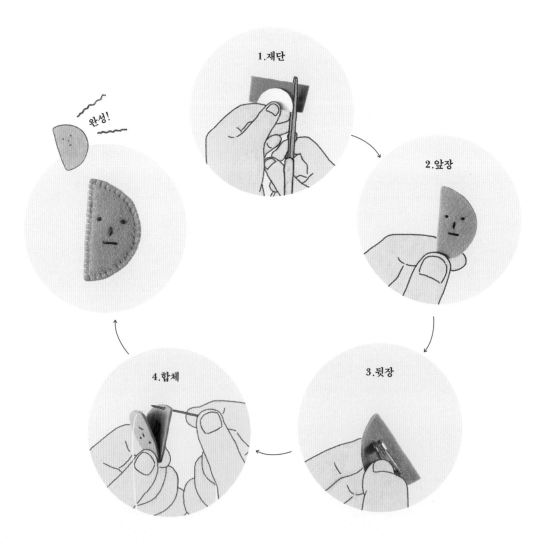

이 책에 쓰인 바느질

이 책에 있는 펠트 브로치는
홈질, 박음질, 프렌치너트 스티치,
감침질, 새틴 스티치, 버튼홀 스티치, 버튼홀 스티치 - 끼워박기
총 7가지 바느질만으로 만들 수 있어요.

그런데, 바느질하는 법을 따로따로 배우면
어렵기도 하고 자꾸 까먹게 되더라고요.
그래서 반달, 강아지, 식빵, 당근 브로치 친구들을 만들며
기본 바느질을 익힐 수 있도록 했어요.

차근차근 하나씩 만들어보세요.
QR코드로 연결되는 영상 튜토리얼을 참고하면 더 쉬울 거예요.
유튜브 채널 '자기만의 방'에는 더 많은 바느질 팁이 있으니
활용해주세요.

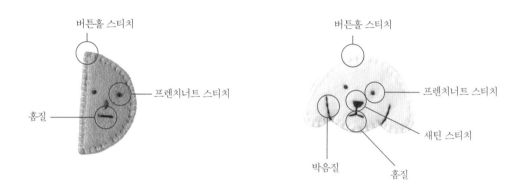

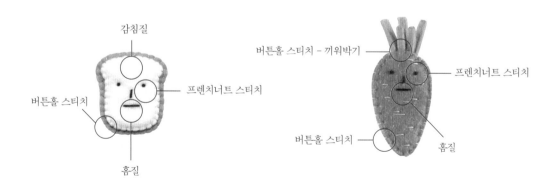

실 꿰고 매듭짓기

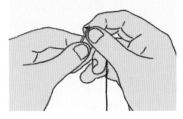

check
실 끝을 엄지와 검지로 아주 짧게
잡는 게 포인트예요.

1. 바늘귀에 실을 끼웁니다. 실이 바늘귀를 조금이라도 통과하는
순간 바로 잡아 빼주세요.

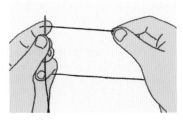

2. 이번에는 매듭짓기예요. 그림처럼 실 위에 바늘이 십(十)자
모양이 되도록 올립니다.

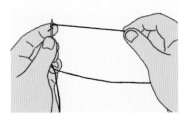

3. 바늘에 실을 감습니다. 굵은 갈색 실은 두 번, 얇은 흰색 실은
7~8번 감아요.

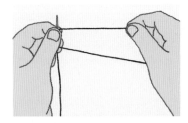

4. 감은 부분을 엄지로 잡고 바늘만 위로 쭉 빼내주세요.

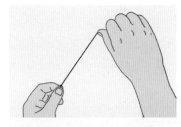

5. 끝까지 잡아당겨 매듭이 만들어지면 완성입니다.
책에 나온 모든 과정은 기본적으로 실을 1줄만 사용합니다.

반달

펠트 : 노란색
실 : 흰색, 갈색
난이도 : ★

시도 때도 없이 졸린 잠보 반달이.
언제나 금방 잠에서 깬 것처럼 눈이 반쯤
감겨 있다. 깐죽이 토마토에게 군만두
같다고 놀림을 당한 이후로 보름달이 될
날만을 꿈꾸고 있다.

재단하는 법

재단할 땐 1)도안을 펠트 위에 올려놓고
손으로 고정하며 자르는 방법, 2)펠트
위에 도안을 대고 기화성 펜으로 그린 후,
그 그림을 따라 자르는 방법이 있어요.
장단점이 있는데요. 2)의 방법은 도안이
그림으로 변형되면서 원래 도안과 차이가
날 수 있어요. 1)의 방법으로 재단하면
손에 힘이 들어가기는 하지만, 일관된
모양으로 재단할 수 있답니다. 그래서
저는 주로 1)의 방법으로 재단하는데요.
재단을 많이 연습해보면서 나에게 더
맞는 방법을 찾아보세요.

1. 재단

종이 도안에 대고 자르기

① 노란색 펠트 위에 반달 모양의 종이 도안을 대고
가위로 잘라주세요. 자를 때 펠트와 가위의 날을
직각으로 유지하면 깔끔하게 재단할 수 있어요.
반달 모양으로 2장 재단합니다. (실물 도안 109p)

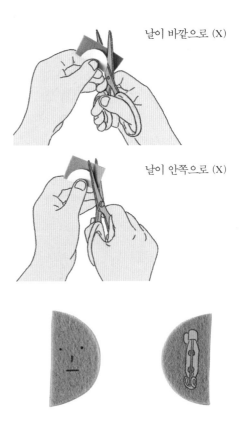

날이 바깥으로 (X)

날이 안쪽으로 (X)

② 재단한 펠트 2장 중
1장에는 눈, 코, 입을 바느질할 거예요 : 앞장
나머지 1장에는 옷핀을 달아줄 거고요 : 뒷장

2. 앞장

눈 : 프렌치너트 스티치

프렌치너트 스티치

눈을 표현하는 '프렌치너트 스티치'는 매듭 모양을 활용한 자수예요. 얼굴의 눈이나 열매의 씨를 표현할 때 많이 사용하는 기법으로 '매듭을 원단 가까이에 지어주는 것'이 포인트입니다. 눈이 얼굴의 기준을 잡아주기 때문에 가장 먼저 만들어줍니다.

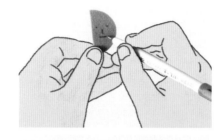

① 노란색 펠트 위에 눈을 달아줄 위치를 잡습니다. 위치를 잡기 어렵다면 기화성 펜으로 표정을 그린 후 바느질을 시작해도 좋아요.

② 바늘에 갈색 실을 끼우고 펠트 밑에서 위로 바늘을 끝까지 빼냅니다.

check

저는 보통 매듭을 한 번만 짓지만, 눈을 조금 더 크게 만들고 싶다면 매듭을 연속으로 두 번 지어요. 세 번 이상 매듭을 지으면 눈이 튀어나와 보일 수 있으니 주의하세요!

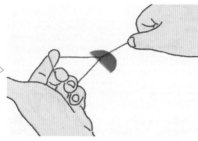

③ 펠트 위에 매듭을 짓습니다. 이때 바늘을 잡지 않은 손은 옆 그림처럼 실을 삼각형 모양으로 잡은 후 당기면서 펠트와 매듭이 될 부분이 최대한 가까워지도록 합니다.

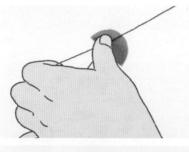

④ 바늘을 잡지 않은 손의 엄지로 매듭을 꾹 누르고 바늘을 잡아당겨주세요. 그러면 덜렁거리지 않고 펠트에 착 붙으면서 예쁜 매듭이 표현됩니다.

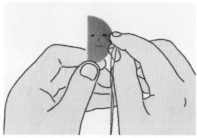

⑤ 마무리 단계입니다. 매듭을 지은 곳의 바로 옆에 바늘을 찔러 넣어 밑으로 끝까지 빼내요. 매듭을 지은 곳 가운데로 바늘을 넣으면 빡빡해서 잘 들어가지 않거든요.

⑥ 한쪽 눈이 완성됐다면 반대쪽 눈도 위치를 잡고 똑같은 방법으로 눈을 만들어주세요.

코와 입 : 홈질(러닝 스티치)

홈질
코와 입은 '홈질'로 표현합니다. 홈질은 가장 기본적인 바느질 기법으로, '러닝 스티치'라고도 불러요. 가벼운 한 땀 한 땀의 느낌으로 짧은 직선을 표현할 때 활용합니다. 우리는 주로 앞장의 얼굴에 코와 입을 바느질할 때 홈질을 해요. 홈질이 삐뚤삐뚤하게 되었다고 실망하지 마세요! 어떤 표정이든 저마다의 매력이 있으니까요.

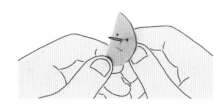

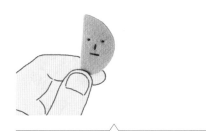

① 눈을 만들 때 사용한 실을 끊지 않고 바로 코와 입을 만들어볼게요. 코가 시작되는 곳으로 바늘을 빼주세요.

② 세로로 한 땀 내려서 코가 끝나는 곳에 찔러넣습니다.

③ 이어서 입을 만들어요. 코 밑에 살짝 간격을 두고 입의 위치를 잡습니다. 코와 입이 'ㅗ' 모양이 되도록 가로로 한 땀 바느질해요.

④ 마무리 매듭을 짓습니다.

3. 뒷장

옷핀 달기

(O)

check
반달처럼 세로로 길게 옷핀을
달 때는 열고 닫는 부분이 위
쪽에 오는 게 편해요. 옷핀을
가로로 길게 달 때는 오른손잡
이라면 열고 닫는 부분이 좌측
으로, 왼손잡이라면 우측으로
자리 잡아주는 게 브로치로 달
때 편해요.

(X)

① 뒷장에는 옷핀을 달기만 하면
끝이에요. 모든 브로치에 예외
없는 단순한 과정이지요. 눈, 코,
입을 바느질할 때와 같이 갈색
실을 사용합니다. 우선 옷핀의
위치를 잡습니다.
앞에서 봤을 때 옷핀이 안
보이도록 숨기는 게 중요해요.
옷핀을 대보세요. 반달은 키가
크고 홀쭉하니까 옷핀을 세로로
달면 되겠네요.

② 옷핀을 고정할 위치를 잘
잡아준 다음, 펠트 밑에서 옷핀
구멍으로 바늘을 뺍니다.

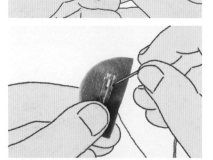

③ 바늘을 옷핀의 테두리에
맞추어 바느질합니다. 이
바느질법은 나중에 배울
'감침질(41p)'과 비슷해요.

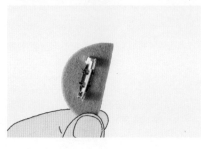

④ 앞의 ②~③ 과정을
반복합니다. 튼튼하게 두 번씩
고정해주세요.

4. 합체

앞장과 뒷장 연결 : 버튼홀 스티치

check

반달의 얼굴을 거꾸로 잡고 턱에서부터 바느질을 시작합니다. 반달을 360도 돌리면서 겉 테두리를 바느질하면 결국 시작과 끝이 만나는데요. 이렇게 하면 잘 보이지 않는 턱 쪽에 매듭이 지어져서 더 깔끔하게 마무리할 수 있어요.

버튼홀 스티치

표정 자수를 놓은 펠트(앞장)와 옷핀을 단 펠트(뒷장)를 잘 겹쳐서 '버튼홀 스티치'로 바느질합니다. '버튼홀 스티치'는 똑같은 모양과 크기의 펠트 원단을 겹쳐 바느질하는 기법으로, 작품을 완성하는 단계에서 많이 쓰여요. 이 바느질 방법은 마치 뜨개질과 같이 반복되는 동작이 많아서 처음 시작과 바느질 방향만 잘 알아두면 쉽게 익히고 활용할 수 있어요.

① 앞장과 뒷장을 잘 맞추어 잡습니다. 버튼홀 스티치를 할 때는 언제나 눈, 코, 입을 수놓은 앞장이 나와 마주보게 되도록 잡아요. 바느질 방향은 오른쪽에서 왼쪽입니다.

② 먼저 앞장과 뒷장 사이로 흰색 실을 끼운 바늘을 넣어 눈, 코, 입이 있는 앞장 쪽으로 바늘을 뺍니다. 바늘을 찌를 때는 테두리에서 2mm 안쪽에 찔러주세요.

③ 앞장으로 나온 바늘을 옷핀이 있는 뒷장으로 가져가 앞장과 대칭이 되는 위치에 찔러넣어 앞장과 뒷장 사이로 바늘을 뺍니다.

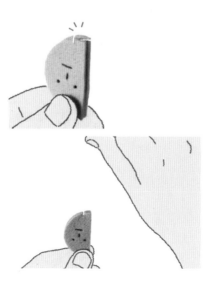

④ 이때 앞장과 뒷장을 이어주는 실의 고리가 생기는데요. 이 고리가 바늘에 연결된 실보다 진행 방향의 앞쪽에 있어야 해요. 우리의 바느질 방향은 오른쪽에서 왼쪽이니, 고리를 왼쪽에 두고 바늘에 연결된 실을 꽉 잡아당겨 주세요.

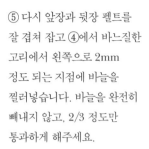

⑤ 다시 앞장과 뒷장 펠트를 잘 겹쳐 잡고 ④에서 바느질한 고리에서 왼쪽으로 2mm 정도 되는 지점에 바늘을 찔러넣습니다. 바늘을 완전히 빼내지 않고, 2/3 정도만 통과하게 해주세요.

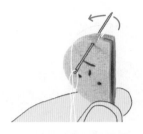

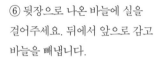

⑥ 뒷장으로 나온 바늘에 실을 걸어주세요. 뒤에서 앞으로 감고 바늘을 빼냅니다.

check
앞뒤로 잡아당기는 게 아니라, 수직이 되도록 위로 당겨주면 실이 가운데로 고르게 와요.

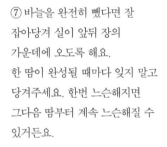

⑦ 바늘을 완전히 뺐다면 잘 잡아당겨 실이 앞뒤 장의 가운데에 오도록 해요. 한 땀이 완성될 때마다 잊지 말고 당겨주세요. 한번 느슨해지면 그다음 땀부터 계속 느슨해질 수 있거든요.

⑧ 앞의 ⑤~⑦의 과정을 계속 반복하여 테두리를 전부 바느질합니다. 마지막 한 땀이 남을 때까지요. 반달의 뾰족한 모서리를 바느질하는 방법은 101p를 참고해주세요.

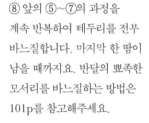

⑨ 마무리 단계입니다. 처음 시작한 부분('ㅓ'모양)에 대각선으로 바늘을 걸어주세요. 펠트는 건드리지 않고 실 사이로 통과합니다.

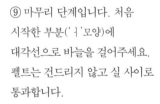

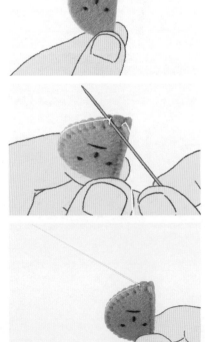

⑩ 바늘이 나온 자리 그 위에서 바로 매듭을 지어주세요.

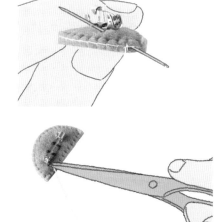

⑪ 매듭을 지은 뒤 다시 대각선
방향으로 건너가 펠트 앞장과
펠트 뒷장 사이로 찔러넣습니다.
이때 찔러넣은 바늘은 뒷장으로
나오도록 합니다.

⑫ 뒷장으로 나온 실은 가위로
바짝 잘라 매듭을 자연스럽게
숨겨주세요.

완성!

강아지

펠트 : 흰색
실 : 흰색, 갈색
난이도 : ★★

1. 재단

흰색 펠트에 강아지 모양의 종이 도안을 대고 재단합니다. 똑같은 모양으로 2장 잘라주세요. (실물 도안 109p)

2. 앞장

얼굴 윤곽 : 박음질(백 스티치)

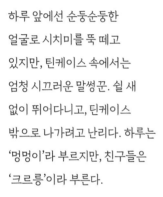

하루 앞에선 순둥순둥한 얼굴로 시치미를 뚝 떼고 있지만, 틴케이스 속에서는 엄청 시끄러운 말썽꾼. 쉴 새 없이 뛰어다니고, 틴케이스 밖으로 나가려고 난리다. 하루는 '멍멍이'라 부르지만, 친구들은 '크르릉'이라 부른다.

> **박음질**
> 박음질은 '백 스티치'라고도 불립니다. 땀과 땀 사이를 비우지 않고 촘촘하게 표현하는 마성의 바느질 기법이지요. 이름을 자수 놓을 때나, 가지런한 직선을 표현할 때 사용해요.

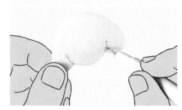

① 얼굴은 동글동글할수록 더 귀엽더라고요. 흰색 펠트에 동그라미를 그린다 생각하고 기화성 펜으로 얼굴 윤곽을 빵빵하게 그립니다.

② 갈색 실로 강아지 턱에서 귀 쪽으로 올라가며 박음질할 거예요. 우선 바늘을 펠트 밑에서 위로 뺍니다. 턱 끝보다 한 땀 앞에서 시작해요.

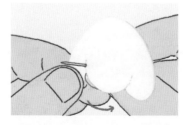

③ 위로 나온 바늘과 실을 턱 밑으로 감아 펠트 뒤로 가져갑니다. 강아지 턱을 실로 한 바퀴 감싸는 모양이 돼요. 그런 다음 처음 시작점보다 한 땀 더 앞에 바늘을 찔러넣습니다.

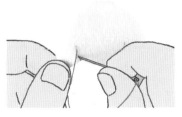

④ 맨 처음 바늘을 찔렀던 시작점으로 들어갑니다.

⑤ 그다음 땀도 똑같아요. ③~④를 반복하며 바늘을 한 땀 앞에서 빼준 뒤 뒤로 돌아가 넣습니다. 일정한 간격으로 박음질해서 하나의 선처럼 보이면 예쁘게 완성된 거랍니다.

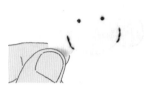

⑥ 갈색 실을 사용하여 프렌치너트 스티치로 강아지의 눈을 만들어요.

코 : 새틴 스티치

이어서 강아지의 촉촉하고 까만 코를 새틴 스티치로 바느질해볼게요.

새틴 스티치

새틴 스티치는 면을 채워주는 바느질 기법이에요. 홈질을 여러 번 해서 선이 면처럼 보이게 하는 기법이라고 표현할 수도 있겠네요. 새틴 스티치는 아무래도 여러 번 홈질을 하니까 볼륨감이 생기는데요, 강아지의 코, 고양이의 큰 눈 등을 표현하기에 딱이랍니다.

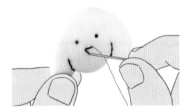

⑦ 기화성 펜으로 역삼각형 모양의 가이드라인을 그린 후 각 모서리를 한 땀씩 박음질해요.

⑧ 박음질한 가이드라인의 안쪽 면을 가로로 홈질하듯 채워주세요. 평행하게 바느질해야 깔끔하게 완성됩니다.

⑨ 홈질 세 번으로 'ㅅ' 모양을 만들어 강아지의 입과 인중을 만들어요.

3. 뒷장

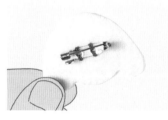

나머지 흰색 펠트에 갈색 실로 옷핀을 달아요.

4. 합체

앞장과 뒷장을 합쳐주세요. 흰색 실로 버튼홀 스티치합니다.

> **check**
> 버튼홀 스티치는 반달(35p) 과정을, 강아지 귀와 턱 사이 쏙 들어간 곳을 바느질하는 법은 101p를 참고하세요.

완성!

식빵	펠트 : 흰색, 베이지색 실 : 흰색, 갈색 난이도 : ★★

늘 좋은 향이 나는 식빵이.
작은 향수병에 고소한 냄새를
담아서 가지고 다닌다.
친구들이 무슨 냄새냐고
물어보면 얼른 향수병을 꺼내
들어 아낌없이 뿌려주는 따뜻한
성격의 인기쟁이.

감침질
감침질은 '크기가 다른 원단'을
겹쳐 바느질하는 기법으로, 바탕이
되는 큰 펠트에 작은 펠트를 고정할
수 있어요.

1. 재단

식빵은 노릇노릇한 겉면과 촉촉한 속을 표현할 두 가지 색의 펠트가
필요해요. 식빵 모양으로 베이지색 펠트를 2장, 흰색 펠트를 1장
재단합니다. (실물 도안 109p)

2. 앞장

윤곽 : 감침질

① 베이지색 펠트 가운데에 흰색 펠트를 올립니다. 식빵의
겉 테두리가 잘 보이게 배치해요. 한쪽으로 치우치지 않도록
주의합니다.

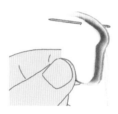

② 흰색 실로 감침질할 거예요. 베이지색 펠트에서 흰색 펠트
쪽으로 바늘을 찔러요. 바늘이 흰색 펠트의 테두리에서 2mm정도
안쪽 지점으로 나오게 빼냅니다.

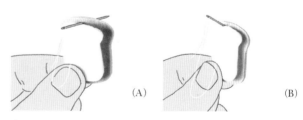

(A)   (B)

③ 그다음 나온 바늘을 흰색과 베이지색 펠트가 겹쳐진 경계에
찔러넣습니다. 흰색 펠트의 가장자리에 맞춰서요.(A)
한 땀이 끝날 때마다 세게 잡아당깁니다. 바늘을 가장자리에 딱
맞춰 찌르는 게 어렵다면, 경계보다 살짝 안쪽으로 찔러넣어
주세요.(B)

④ 2mm 간격으로 ②~③을 반복하여 식빵 테두리를 감침질합니다.

⑤ 식빵 테두리를 전부 감침질했다면 마무리 매듭을 지어요.

check
눈, 코, 입 바느질보다 감침질을 먼저 하는 이유는 만들기의 실패 확률을 줄이기 위해서예요. 기껏 표정을 완성했는데, 감침질이 삐뚤빼뚤해서 마음에 들지 않으면 다시 시작해야 하니까요.

⑥ 감침질이 끝났으면 갈색 실로 눈, 코, 입을 만들어주세요. 눈은 프렌치너트 스티치. 코와 입은 홈질이었죠?

3. 뒷장

나머지 베이지색 펠트에 갈색 실로 옷핀을 고정합니다.

4. 합체

앞장과 뒷장을 합쳐주세요. 흰색 실로 버튼홀 스티치합니다.

완성!

당근

펠트 : 주황색, 연두색
실 : 흰색, 갈색
난이도 : ★★★

친구들의 모든 부탁을 언제나
끄덕끄덕 들어주는 예스맨. 정작
본인은 남에게 부탁하는 것을
극도로 싫어해서 부탁할 때마다
얼굴이 빨갛게 달아오른다.
하루와 친구들이 외출하면
부슬부슬한 이파리를 빗자루
삼아 틴케이스 속 어지럽혀진
자리를 묵묵히 정리한다.

1. 재단

주황색 펠트와 연두색 펠트에 종이 도안을 대고 각각 당근 모양과
잎 모양으로 2장씩 재단합니다. 당근 잎은 똑같이 재단하지 않고
1장은 두 줄기로, 나머지 1장은 세 줄기로 잘라서 겹치면 훨씬
자연스러워요. (실물 도안 109p)

2. 앞장

① 갈색 실을 사용하여 눈은 프렌치너트 스티치, 코와 입은 홈질로
표현해주세요.

② 흰색 실로 당근에 무늬를 넣을 거예요. 가로로 홈질하여
스크래치를 표현합니다. 위치와 크기는 상관없으니 마음껏
홈질해도 괜찮아요. 이때야말로 자유롭게 바느질할 수 있는
시간이지요. 얇은 실이기 때문에 바느질이 끝난 뒤 매듭을 두 번
지어 실이 풀리지 않게 해주세요.

3. 뒷장

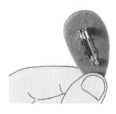

갈색 실로 옷핀을 달아요. 앞에서 봤을 때 옷핀이 보이지 않도록
옷핀을 세로로 달아주세요. 튼튼히 고정합니다.

4. 합체

① 펠트 앞장과 뒷장을 잘 마주 잡고 버튼홀 스티치를 시작합니다. 당근 얼굴을 거꾸로 잡고 턱에서부터 머리 위쪽으로 쭉 올라오면서 바느질하다가, 당근 잎을 넣을 곳에서 멈춰주세요.

당근 잎 : 버튼홀 스티치 - 끼워박기

버튼홀 스티치 - 끼워박기
'끼워박기'는 버튼홀 스티치를 하다가 작은 펠트를 큰 펠트 앞뒤 장 사이에 끼워서 고정할 때 쓰는 바느질 기법이에요. 주로 과일과 야채의 꼭지나 잎 등을 표현할 때 사용합니다. 버튼홀 스티치의 모양을 해치지 않으면서 자연스럽게 연결하는 것이 끼워박기의 포인트라고 할 수 있어요. 이 책에서는 줄여서 '끼워박기'라고 표기했습니다.

② 연두색 펠트로 재단한 2장의 당근 잎을 잘 겹친 다음, 미리 홈질을 한 번 해주면 편하게 바느질할 수 있어요. 홈질한 잎을 당근의 앞장과 뒷장 사이에 원하는 깊이만큼 넣어 자리를 잡아줍니다.

③ 버튼홀 스티치와 동일한 간격을 두고 이동한 후, 당근 잎과 당근의 경계에 맞추어 바늘을 찔러넣습니다. 당근 잎에만 실이 통과하도록요.

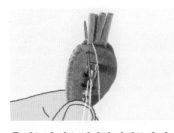

④ 바늘이 나온 지점의 아래쪽에 다시 바늘을 찔러주세요. 지금까지 해온 버튼홀 스티치 모양을 그대로 따라 바느질한다고 생각하면 쉬워요.

⑤ 앞장으로 나올 때도 옆의 버튼홀 스티치와 간격을 맞춰서 바늘을
빼주세요.

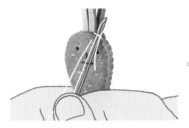

check
바늘 끝보다는 바늘귀 쪽이 뭉툭
해서, 실을 빼낼 때 실올도 풀리지
않고 펠트를 찌르지도 않아 찔러
넣을 때 더 편해요.

⑥ 바늘을 거꾸로 잡고 앞장과 뒷장 가운데에 생긴 실의 고리에
바늘귀를 밀어넣습니다.

⑦ 바늘을 완전히 빼낸 다음 실을 꽉 잡아당깁니다. 어때요. 버튼홀
스티치와 똑같은 모양이 하나 더 생겼죠?

⑧ 당근 잎을 다 지나갈 때까지 ③~⑦을 반복해서 끼워박기합니다.

⑨ 당근 잎을 다 통과했다면 끼워박기가 끝나는 곳에서 다시
버튼홀 스티치로 돌아갑니다. 처음 버튼홀 스티치를 시작한 곳까지
바느질하여 마무리합니다.

check
마무리하는 법을 잊으셨다면 36p를 참고하세요.

완성!

PART 2 기분 따라 바느질

하루네 베이커리

아침이면 어김없이 찾아오는
노릇노릇 갓 구운 빵 삼총사예요.
땅콩과 딸기를 만나면 두 배로 행복해진답니다.
어디서 고소한 냄새가 나는 것 같지 않나요?

바게트   까눌레   딸기   땅콩

바게트

펠트 : 갈색, 흰색
실 : 흰색, 갈색
난이도 : ★★

키가 큰 바게트 씨. 실없다는
소리를 들어도 굴하지 않고
농담을 던지는 게 특기다.
하루에게 들려줄 농담을
친구들 앞에서 연습해보지만
어째서인지 아무도 웃지 않고
혼자만 빵 터지기 일쑤다.

1. 재단
갈색 펠트로 길쭉한 빵 모양 2장, 흰색 펠트로 작은 빵조각 2장을
재단합니다. (실물 도안 111p)

2. 앞장

① 바게트의 갈라진 빵 무늬를 만들어줄 거예요. 흰색 펠트 조각을
갈색 펠트 위에 올리고 감침질합니다. 갈색 펠트 윗부분에는 얼굴을
수놓아야 하니 비워둡니다.

② 나머지 한 조각도 아래쪽에 감침질해주세요. 한 땀 한 땀 세게
잡아당기면서요.

③ 갈색 실로 눈, 코, 입을 표현합니다. 특별한 경우가 아니면,
책에서 소개하는 브로치들의 눈은 프렌치너트 스티치로,
코와 입은 홈질로 만들어주세요.

3. 뒷장
나머지 갈색 펠트에 옷핀을 세로로 달아요. 갈색 실로 튼튼하게
고정합니다.

4. 합체
앞장과 뒷장을 합쳐주세요. 흰색 실로 버튼홀 스티치합니다.

> **check**
> 반달의 버튼홀 스티치(35p) 과정을 참고하면 더 쉬울 거예요.

완성!

까눌레

펠트 : 고동색
실 : 흰색, 갈색
난이도 : ★

겉은 딱딱해 보이지만 마음은 한없이 여린 까눌레. 반전 매력이 가득하다. 식빵, 바게트 씨랑 함께 나타날 때가 많은데, 셋 중에 몸집은 가장 작지만 목소리는 제일 커서 리더를 맡고 있다.

1. 재단

고동색 펠트를 까눌레 모양으로 2장 잘라주세요. (실물 도안 111p)

2. 앞장

① 까눌레에 선을 넣어 올록볼록하게 입체감을 살려줄 거예요. 먼저 기화성 펜으로 가이드라인을 그립니다. 까눌레 윗부분의 움푹 들어간 곳에서부터 아래까지 선을 두 줄 그어주세요. 이때 선을 비스듬하게 그으면 까눌레가 더 예뻐진답니다.

check
한 땀 한 땀 당기면서 바느질하는 게 중요해요. 그래야 박음질한 부분이 꽉 조이면서 입체감이 살아나거든요.

② 가이드라인을 따라 흰색 실로 위에서부터 아래로 박음질할 거예요. 강아지 얼굴 윤곽(38p)을 만드는 것처럼요. 까눌레 윗부분의 움푹 들어간 곳보다 한 땀 앞에서 박음질을 시작해요.

③ 갈색 실로 눈, 코, 입을 표현합니다.

3. 뒷장

나머지 고동색 펠트에 갈색 실로 옷핀을 고정합니다.

4. 합체

앞장과 뒷장을 합쳐주세요. 흰색 실로 버튼홀 스티치합니다.

완성!

딸기

펠트 : 빨간색, 초록색
실 : 흰색, 갈색, 베이지색, 빨간색
난이도 : ★

외모에 관심이 많은 딸기. 매일 아침 일어나자마자 오늘의 피부 상태를 확인한다. 하루와 외출을 나가도 창문 유리에 비친 자기 모습을 보느라 정신이 없지만, 특유의 상큼함으로 미워할 수 없는 거울 매니아.

1. 재단
빨간색 펠트를 딸기 모양으로 2장, 초록색 펠트를 꼭지 모양으로 1장 재단합니다. (실물 도안 111p)

2. 앞장

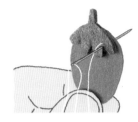

① 딸기에 꼭지를 고정합니다. 꼭지에서 쏙 들어간 세 군데만 흰색 실로 감침질해요. 그래야 꼭지의 느낌을 더 생생하게 표현할 수 있습니다. 흰색 실은 얇기 때문에 바느질이 끝난 후 매듭을 두 번 지어주는 것을 잊지 마세요.

② 갈색 실로 눈, 코, 입을 만듭니다.

check
얇은 흰색 실이 아니라 눈, 코, 입을 만들 때와 똑같이 굵은 실로 바느질했어요. 딸기 씨를 선명하게 보여주고 싶었거든요.

③ 딸기 열매에 굵은 베이지색 실로 딸기 씨를 표현해주세요. 불규칙한 점들처럼 보이도록 짧게 홈질합니다.

3. 뒷장
나머지 빨간색 펠트에 갈색 실로 옷핀을 고정합니다.

4. 합체
앞장과 뒷장을 합쳐주세요. 얇은 빨간색 실로 버튼홀 스티치합니다. 이때 초록색 꼭지를 안쪽으로 살짝 젖히고 빨간색 펠트끼리만 바느질해주세요.

완성!

땅콩

펠트 : 연갈색
실 : 흰색, 갈색, 베이지색
난이도 : ★

운동을 열심히 해서인지 허리가 잘록한 땅콩이는 매일 아침 친구들을 줄 세우고 체조를 진행한다. 체조가 끝나면 바로 친구들의 다이어트 상담을 진행하는 에너자이저로, 하루와 외출하지 않는 날에도 언제 어디서든 바쁘게 몸을 움직이고 있다.

1. 재단
연갈색 펠트로 땅콩 모양 2장을 재단합니다. (실물 도안 111p)

2. 앞장
① 연갈색 펠트 위에 갈색 실로 눈, 코, 입을 만들어주세요.

② 땅콩 무늬를 표현해볼까요? 딸기 씨를 만들 때 사용한 굵은 베이지색 실로 홈질합니다. 먼저 가운뎃줄을 직선으로 홈질해주세요. 이때 눈, 코, 입과 겹치지 않도록 해야 합니다.

③ 이어서 양옆 줄을 땅콩 테두리 모양을 따라 곡선으로 홈질합니다. 역시 눈, 코, 입과 겹치지 않도록 주의해주세요.

3. 뒷장
나머지 연갈색 펠트에 갈색 실로 옷핀을 고정합니다. 세로로 달아주세요.

4. 합체
앞장과 뒷장을 합쳐주세요. 흰색 실로 버튼홀 스티치합니다.

완성!

건강해지기로 해

우리는 하루의 건강을 책임지고 있답니다.
특히 토끼가 귀를 쫑긋 세우고 열심인데요,
어울려 다니는 친구들을 보고 있자니
벌써 건강해진 기분인걸요.

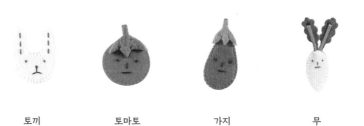

토끼   토마토   가지   무

토끼

펠트 : 흰색
실 : 흰색, 갈색
난이도 : ★

하루의 사생활에 제일 관심이
많고, 세상일에도 호기심이
넘친다. 언제나 귀를 쫑긋 세워
온갖 소문을 주워듣는 토끼.
그러나 의외로 입이 무거워
토끼만이 알고 있는 비밀
이야기가 뭔지 다들 궁금해한다.
귀가 밝아 멀리서 하루 발소리가
들리면 제일 먼저 알아차린다.

1. 재단
흰색 펠트를 토끼 모양으로 2장 재단합니다. (실물 도안 113p)

2. 앞장

① 우선 토끼의 귀부터 시작해요. 갈색 실을 사용하여 위에서
아래로 세 땀을 홈질합니다.

② 매듭짓지 않고 바로 프렌치너트 스티치로 눈과 코를 표현해요.
보통 다른 친구들의 코는 홈질로 만들었지만, 토끼는 눈과 코 전부
프렌치너트 스티치를 할 거예요. 코는 매듭을 연속으로 두 번 지어
눈보다 크게 만들어주세요.

③ 입을 만들어볼까요? 갈색 실을 사용하여 홈질 세 땀으로 'ㅅ'
모양을 만들어요.

> **check**
> 강아지(40p)의 입을 만드는 과정과 같습니다.

3. 뒷장
나머지 흰색 펠트에 갈색 실로 옷핀을 고정합니다.

4. 합체
앞장과 뒷장을 합쳐주세요. 흰색 실로 버튼홀 스티치합니다.

완성!

토마토

펠트 : 빨간색, 초록색
실 : 흰색, 갈색, 빨간색
난이도 : ★

깐족깐족 장난꾸러기 토마토.
친구들을 놀리는 게 세상에서
제일 재밌다. 틴케이스 뚜껑에 딱
붙어 있다가 친구들 놀라게 하기,
하루가 안 볼 때 괴상한 표정
짓기 등 장난칠 궁리를 하느라
바쁘다.

1. 재단
빨간색 펠트를 토마토 열매 모양으로 2장, 초록색 펠트를 꼭지
모양으로 1장 재단합니다. (실물 도안 113p)

2. 앞장
① 빨간색 펠트 위에 초록색 펜트를 올리고 흰색 실로
감침질해주세요. 꼭지에서 쏙 들어간 부분의 안쪽 두 군데에만
감침질해요.

② 빨간색 펠트 위에 갈색 실로 눈, 코, 입을 표현합니다.

3. 뒷장
나머지 빨간색 펠트에 갈색 실로 옷핀을 고정합니다.

4. 합체
앞장과 뒷장을 합쳐주세요. 얇은 빨간색 실로 버튼홀 스티치합니다.
이때 빨간색 펠트끼리만 고정되도록 초록색 꼭지를 살짝 젖히고
바느질해주세요.

> **check**
> 딸기(51p)의 앞장과 뒷장을 합치는 과정을 참고합니다.

완성!

가지

펠트 : 보라색, 초록색
실 : 흰색, 갈색
난이도 : ★

가지는 자주 결심을 한다. 오늘은
꼭 하루와 눈인사를 나눠야지,
내일은 꼭 땅콩이를 따라 아침
운동을 해야지….
대체로 작심삼일로 끝이 나지만
개의치 않고 오늘도 일기장에
결심 10가지를 채워서 적었다.

1. 재단
가지는 토마토와 만드는 방법이 똑같아요. 보라색 펠트를 가지
모양으로 2장, 초록색 펠트를 꼭지 모양으로 1장 재단합니다. (실물
도안 113p)

2. 앞장
① 보라색 펠트 위에 초록색 펠트를 올립니다. 초록색 꼭지에서
쏙 들어간 부분의 안쪽 두 군데에만 흰색 실로 감침질합니다.

② 보라색 펠트 위에 갈색 실로 눈, 코 입을 만듭니다.

3. 뒷장
나머지 보라색 펠트에 갈색 실로 옷핀을 고정합니다. 세로로
달아주세요.

4. 합체
앞장과 뒷장을 합쳐주세요. 흰색 실로 버튼홀 스티치합니다.
초록색 꼭지를 밖으로 살짝 젖히고 보라색 펠트끼리만 버튼홀
스티치로 연결해주세요.

완성!

무	펠트 : 흰색, 연두색, 초록색 실 : 흰색, 갈색 난이도 : ★★

거대한 몸집에 비해 콩알만 한
간을 가진 무. 그림자가 토끼와
닮아 종종 친구들에게 오해를
받는다. "토끼야~ 앗, 토끼가
아니라 무였구나?" 토끼가
그 사실을 싫어할까 봐 최근
레몬에게 새로운 헤어스타일을
전수받는 중이다.

1. 재단
흰색 펠트를 무 모양, 초록색 펠트를 잎 모양, 연두색 펠트를 줄기
모양으로 각각 2장씩 재단합니다 (실물 도안 113p)

2. 앞장

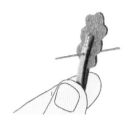

check
줄기가 워낙 가늘어 일자로 박음
질하기가 힘들어요. 삐뚤빼뚤해도
고정만 되면 괜찮으니 너무 신경
쓰지 마세요. 한 땀 한 땀 꽉 잡아
당기면서 바느질하면 티도 잘 안
날 테니까요.

① 무청부터 만들어볼까요? 연두색 펠트를 초록색 펠트 가운데에
올린 후 잘 겹쳐 잡고 일직선으로 쭉 박음질합니다.

② 완성된 2개의 무청을 겹쳐 잡고 아랫부분에 한 땀 홈질해서
단단히 고정합니다.

③ 무청이 준비됐다면 흰색 펠트에 갈색 실로 눈, 코, 입을
만들어요.

3. 뒷장
나머지 흰색 펠트에 갈색 실로 옷핀을 고정합니다. 무의 길쭉한
키에 맞춰 세로로 달아주세요.

4. 합체
① 흰색 실을 사용하여 흰색 펠트 2장을 버튼홀 스티치하다가
무청을 끼워박기할 부분에서 멈춰주세요.

② 흰색 펠트 사이에 무청을 끼워박기합니다. 그리고 다시 버튼홀
스티치로 마무리해주세요.

완성!

노는 게 제일 좋아

얼른 밖에 나가요. 왈왈!
해가 지고 별이 뜰 때까지 놀고 싶어요.
어둠은 무섭지 않거든요.
우리랑 밤새 놀아주세요!

별	나무	야구공	야구배트

별	펠트 : 노란색 실 : 흰색, 갈색 난이도 : ★

상상 혹은 망상을 즐기는
이야기꾼 별이. 당최 무슨 생각을
하는지 알 수가 없고, 뜬금없이
엉뚱한 말을 하곤 하지만
친구들이 잠들 때까지 재미있는
이야기를 들려준다. 높은 곳에
있는 걸 좋아해서 하루가 없을
때면 몰래 책장 꼭대기에 올라가
방을 내려다본다.

1. 재단
노란색 펠트를 별 모양으로 2장 재단합니다. (실물 도안 115p)

2. 앞장
노란색 펠트에 눈, 코, 입을 만들어주세요.

3. 뒷장
나머지 노란색 펠트에 갈색 실로 옷핀을 고정합니다.

4. 합체
앞장과 뒷장을 합쳐주세요. 흰색 실로 버튼홀 스티치합니다.

완성!

나무

| 펠트 : 연두색, 고동색 |
| 실 : 흰색, 갈색 |
| 난이도 : ★★ |

친절한 나무 씨. 온화한 성품과 한결같은 배려로 친구들의 멘토 역할을 한다. 하지만 고소공포증이 매우 심해 하루가 모자에 거꾸로 매달고 다닌 날만큼은 버럭버럭 화내는 모습을 볼 수 있다.

1. 재단
연두색 펠트를 나무의 잎 모양으로 2장, 고동색 펠트를 밑동 모양으로 1장 재단합니다. (실물 도안 115p)

2. 앞장

① 고동색 펠트를 반으로 접은 후 버튼홀 스티치로 3면을 모두 바느질하여 나무 밑동을 준비합니다.

② 연두색 펠트에 눈, 코, 입을 만들어줍니다.

3. 뒷장
나머지 연두색 펠트에 갈색 실로 옷핀을 고정합니다.

4. 합체
① 흰색 실을 사용하여 연두색 펠트 2장을 버튼홀 스티치하다가 나무 밑동 펠트를 끼워박기할 부분에서 멈춰주세요.

② 연두색 펠트 턱 쪽에 고동색 나무 밑동을 끼워박기할 거예요. 이때 밑동에서 버튼홀 스티치하지 않은 쪽을 연두색 펠트 사이에 넣고 바느질해요. 끼워박기한 후에는 다시 버튼홀 스티치로 마무리해주세요.

check
혹시 끼워박기가 기억나지 않는다면 당근(44p)을 참고하세요.

완성!

야구공 &
야구 배트

펠트 : 흰색, 갈색
실 : 흰색, 빨간색
난이도 : ★★

매일 싸우면서도 늘 딱 붙어
다니는 틴케이스 속 톰과 제리.
동글이 야구공이 잔뜩 약을
올리고 떼구르르 굴러 도망가
버리면 배트가 씩씩거리며
열심히 그 뒤를 쫓는다.
그러면서도 왜 늘 같이 다니는
건지 알 수 없는, 알쏭달쏭
베스트 프렌드.

1. 재단

야구공과 야구 배트가 한 세트예요. 흰색 펠트를 야구공 모양, 갈색
펠트를 야구 배트 모양으로 각각 2장씩 재단합니다. (실물 도안 115p)

2. 앞장

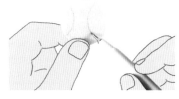

① 야구공과 야구 배트는 눈, 코, 입이 없어요. 대신 야구공은 굵은
빨간색 실로 실밥을 표현할 건데요. 먼저 기화성 펜으로 둥글게
라인을 그립니다.

> check
> 땀의 간격을 잘 맞추는 게
> 중요해요.

② 라인을 따라 홈질합니다.

3. 뒷장

야구공 모양 흰색 펠트 1장, 야구 배트 모양 갈색 펠트 1장에 각각
갈색 실로 옷핀을 고정합니다. 야구 배트는 앞에서 옷핀이 안
보이도록 세로로 달아주세요.

4. 합체

각각 앞장과 뒷장을 합쳐주세요. 흰색 실로 버튼홀 스티치합니다.

> check
> 야구 배트의 경우, 손잡이 부분부터 버튼홀 스티치를 시작해주세요.

완성!

새콤달콤 과일바구니

새콤한 레몬과 복숭아, 파인애플.
달콤한 망고와 바나나.
하루는 망설이다 결국 전부 집어 들고
뽀득뽀득 씻었어요.
당신은 어떤 과일을 좋아하나요?
두 팔 가득 담아보아요.

복숭아

망고

레몬

바나나

파인애플

복숭아

펠트 : 분홍색, 고동색,
연두색
실 : 흰색, 갈색
난이도 : ★★

잘 넘어지는 덤벙이 복숭아.
어딘가 부딪혀 자주 멍이 든다.
그렇지만 타고나길 안 좋은 일은
잘 까먹는 낙천적인 성격 덕분에
금세 웃으며 다시 친구들과
어울린다.

1. 재단
분홍색 펠트를 복숭아 모양으로 2장, 고동색 펠트를 꼭지 모양으로
1장, 연두색 펠트를 잎 모양으로 1장 재단합니다. (실물 도안 117p)

2. 앞장
① 말랑말랑 복숭아의 얼굴에는 골이 있어요. 분홍색 펠트 윗부분에
기화성 펜으로 둥글게 곡선을 그려주세요.

② 선을 따라 흰색 실로 박음질합니다. 한 땀 한 땀 당기면서
입체감을 살려주세요.

③ 갈색 실로 눈, 코, 입을 만들어요.

3. 뒷장
나머지 분홍색 펠트에 갈색 실로 옷핀을 고정합니다.

4. 합체
① 흰색 실을 사용하여 분홍색 펠트 2장을 버튼홀 스티치로
고정합니다. 고동색 꼭지를 끼워박기할 부분에서 멈춰주세요.

② 분홍색 펠트에 꼭지를 끼워박기합니다. 그리고 다시 버튼홀
스티치로 앞장과 뒷장을 합쳐주세요.

③ 마지막으로 흰색 실을 사용하여 고동색 펠트에 연두색 펠트를
감침질합니다. 위의 사진에 빨간색으로 표시한 부분이에요. 복숭아
꼭지에 달린 잎을 표현한 거랍니다.

완성!

망고

펠트 : 노란색, 고동색, 초록색
실 : 흰색, 갈색
난이도 : ★★

따뜻한 나라에서 온 망고는 추위를 많이 타는 체질이라 겨울산 씨와는 아직도 몇 마디 나눠보질 못했다. 눈 내리는 날엔 촛불이 옆에 꼭 붙어 있고, 햇볕이 쨍하고 내리쬐는 날이면 하루의 가방에 기대어 온종일 유유자적 선탠을 즐긴다.

1. 재단

망고는 복숭아와 만드는 과정이 똑같아요. 노란색 펠트를 망고 모양으로 2장, 고동색 펠트를 꼭지 모양으로 1장, 초록색 펠트를 잎 모양으로 1장 재단합니다. (실물 도안 117p)

2. 앞장

① 노란색 펠트에 갈색 실로 눈, 코, 입을 만들어주세요.

3. 뒷장

나머지 노란색 펠트에 갈색 실로 옷핀을 고정합니다. 세로로 달아주세요.

4. 합체

① 흰색 실을 사용하여 노란색 펠트 2장을 버튼홀 스티치하다가 꼭지인 고동색 펠트를 끼워박기할 부분에서 멈춰주세요.

② 꼭지를 끼워박기합니다. 그리고 다시 버튼홀 스티치로 마무리해주세요.

③ 흰색 실을 사용하여 고동색 펠트에 초록색 펠트를 감침질합니다. 망고 꼭지에 잎이 달려 있다고 생각하며 만들어요.

완성!

레몬

펠트 : 연노란색
실 : 흰색, 갈색
난이도 : ★

딸기와 함께 거울을 좋아하는 쁘띠살롱의 멤버. 헤어스타일에 신경 쓰다가 매번 지각을 일삼는다. 지난주에도 30분 동안 공들여 머리를 봉긋하게 올리고 나서야 부랴부랴 외출을 따라나서느라 하루가 온 틴케이스 안을 다 뒤지기도 했다.

1. 재단

연노란색을 레몬 모양으로 2장 재단합니다. 이때 레몬의 양쪽 꼭지를 잘 살려서 잘라주세요. (실물 도안 117p)

2. 앞장

① 연노란색 펠트의 조금 더 튀어나온 꼭지가 위로 가도록 방향을 잡고 눈, 코, 입을 만듭니다.

② 레몬의 울퉁불퉁한 표면을 표현합니다. 흰색 실로 아주 짧은 땀을 뜰 건데요. 눈, 코, 입을 피해 가로로 홈질합니다. 바느질할 때 꽉꽉 세게 조이면 레몬의 굴곡이 훨씬 더 살아나요.

3. 뒷장

나머지 연노란색 펠트에 갈색 실로 옷핀을 고정합니다.

4. 합체

앞장과 뒷장을 합쳐주세요. 흰색 실로 버튼홀 스티치합니다.

완성!

바나나

펠트 : 샛노란색
실 : 흰색, 갈색
난이도 : ★

수다쟁이 바나나 친구들.
언제나 셋이 딱 붙어 속닥속닥
어수선하다. 매일 아침 오늘은
누가 하루와 외출할지 진지하게
내기를 하지만, 제대로 맞춘 적이
별로 없어 친구들에게 헛다리
삼총사라고 놀림을 받는다.

1. 재단
샛노란색 펠트를 바나나 모양으로 2장 재단합니다. (실물 도안 117p)

2. 앞장
샛노란색 펠트에 눈, 코, 입을 만들어주세요.

3. 뒷장
나머지 샛노란색 펠트에 갈색 실로 옷핀을 고정합니다.

4. 합체
앞장과 뒷장을 합쳐 흰색 실로 버튼홀 스티치합니다. 이때 바나나의
들어가고 나온 부분은 모서리를 잘 잡아주며 바느질해야 해요.

> **check**
> 바나나 모양은 단순하지만, 바느질할 때는 섬세한 기술이 필요합니다. 직각으로 꺾인
> 꼭지나 바나나 끝부분을 버튼홀 스티치할 때는 101p를 참고하여 튀어나온 모서리를
> 건너뛰고 바느질해주세요.

완성!

파인애플

펠트 : 노란색, 초록색
실 : 흰색, 갈색, 노란색
난이도 : ★★★

뾰족뾰족 턱수염과 대감
모자 같은 머리 때문에 '양반
어르신'이라는 별명을 가진
파인애플. 괴력의 소유자로
틴케이스 속에서 한 친구가
다른 친구에게 깔리기라도 하면
번개처럼 출동해 번쩍 들어
올려준다. 틴케이스 집의 파워
해결사.

1. 재단

노란색 펠트를 파인애플 몸통 모양으로, 초록색 펠트를 잎 모양으로
각각 2장씩 재단합니다. (실물 도안 117p)

2. 앞장

① 노란색 펠트에 갈색 실로 눈, 코, 입을 만들어요. 아랫부분에
무늬가 들어가므로 눈, 코, 입은 살짝 윗부분에 바느질합니다.

② 이제 굵은 노란색 실로 파인애플 무늬를 내볼까요. 홈질을
이용해 'X자' 모양으로 바느질합니다. 첫 번째 행에 4개, 두 번째
행에 3개, 세 번째 행에 2개를 만들어주세요.

> check
> 기화성 펜으로 그린 후 바느질하면 훨씬 균일하게 모양을 만들 수 있어요. 사이사이
> 간격을 맞출 수 있거든요.

③ 초록색 잎 모양 펠트 2장을 겹친 다음 아래쪽을 가볍게 한 땀
홈질하여 고정합니다. 잎을 살짝 엇갈리게 겹쳐도 좋아요.

3. 뒷장

나머지 노란색 펠트에 갈색 실로 옷핀을 고정합니다.

4. 합체

① 흰색 실을 사용하여 노란색 펠트 2장을 버튼홀 스티치로
고정하다가 잎을 끼워박기할 부분에서 멈춰주세요.

② 잎을 끼워박기한 후 다시 버튼홀 스티치로 마무리해요.

> check
> 당근(44p)의 끼워박기를 참고해주세요.

완성!

마음을 전해요

소중한 사람에게,
전하지 못했던 말이 있나요?
그렇다면 걱정 말아요.
우리가 대신 그 마음을 전해줄게요.

하트

편지

촛불

카네이션

파랑새

하트

펠트 : 분홍색	
실 : 흰색, 갈색	
난이도 : ★	

새침하고 변덕스럽지만
두근두근 에너지를 나눠주는
매력 덩어리. 사람 관찰을 너무
좋아해 바깥에 나가면 지나가는
사람을 구경하느라 정신이 없다.
지난번 외출 때는 뒤에 걸어오던
꼬마 아이와 눈이 마주치는
바람에 너무 놀라 가슴이 터질
뻔했다.

1. 재단

분홍색 펠트를 하트 모양으로 2장 재단합니다. (실물 도안 119p)

2. 앞장

분홍색 펠트에 눈, 코, 입을 만들어주세요.

3. 뒷장

나머지 분홍색 펠트에 갈색 실로 옷핀을 고정합니다.

4. 합체

앞장과 뒷장을 합쳐주세요. 흰색 실로 버튼홀 스티치합니다.

완성!

편지

펠트 : 흰색
실 : 흰색, 갈색
난이도 : ★

숨겨둔 비밀이 많은 꽁꽁이 편지. 다들 무엇이 담겨 있는지 알고 싶어하지만 좀처럼 마음을 열어 보여주지 않는다. 봉투 속에 감춰진 눈, 코, 입이 아주 근사하다는 소문이 있지만, 그 누구도 실제로 본 적은 없다.

1. 재단
흰색 펠트를 네모난 편지 봉투 모양으로 2장 재단합니다. 네 귀퉁이는 살짝 둥글게 처리해주세요. (실물 도안 119p)

2. 앞장

① 기화성 펜으로 흰색 펠트 위에 봉투 모양을 그린 다음, 선을 따라 박음질합니다. 먼저 삼각형 모양으로 된 봉투의 윗부분을 바느질해요.

② 봉투의 아랫부분도 표현합니다. 양쪽 사선을 박음질해주세요.

> **check**
> 저는 뚜렷하게 표현하기 위해 굵은 실을 사용했지만, 실의 굵기나 색깔은 상관없어요. 좋아하는 실을 사용하면 돼요.

3. 뒷장
나머지 흰색 펠트에 갈색 실로 옷핀을 고정합니다.

4. 합체
앞장과 뒷장을 합쳐주세요. 흰색 실로 버튼홀 스티치합니다.

완성!

촛불	펠트 : 흰색, 노란색, 주황색 실 : 흰색, 갈색 난이도 : ★★★

눈물이 많은 울보 촛불이. 작은 일에도 울먹울먹거리고 금세 마음이 일렁여 뜨거운 눈물을 뚝뚝 흘린다. 왠지 모르게 눈사람이나 겨울산 옆에 가면 눈치가 보이는 기분이 들어 멀찍이 떨어져 있게 된다.

1. 재단

흰색 펠트를 초 모양으로 2장, 노란색 펠트와 주황색 펠트를 불꽃 모양으로 각각 1장씩 재단해주세요. 이때 노란색 펠트를 주황색 펠트보다 좀 더 크게 자릅니다. (실물 도안 119p)

2. 앞장

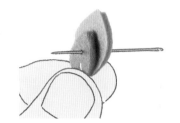

check
불꽃 가운데 박음질을 하는 이유는 두 가지예요. 첫째, 초에 불꽃을 끼워박기할 때 모양이 흐트러지지 않도록 고정하기 위해서예요. 둘째, 박음질로 중심을 잡으면 불꽃의 입체감이 살아나기 때문입니다.

① 노란색 펠트 위에 주황색 펠트를 올린 후 가운데를 박음질로 고정합니다. 이때 주황색 펠트의 중심에 세로로 2/3 정도만 바느질해주세요.

② 흰색 펠트에 갈색 실로 눈, 코, 입을 만들어줍니다.

3. 뒷장

나머지 흰색 펠트에 갈색 실로 옷핀을 고정합니다. 세로로 달아주세요.

4. 합체

① 흰색 실을 사용하여 흰색 펠트 2장을 버튼홀 스티치로 연결합니다. 초의 맨 아랫부분부터 버튼홀 스티치를 시작해 불꽃 모양을 끼워박기할 부분에서 멈춰주세요.

② 흰색 펠트 사이에 불꽃을 1/2 정도 넣고 끼워박기합니다.

③ 끼워박기가 끝나면 다시 버튼홀 스티치를 시작해 마무리합니다.

완성!

카네이션

펠트 : 흰색, 빨간색,
초록색
실 : 흰색, 갈색, 빨간색
난이도 : ★★★

정이 많고 사랑이 넘치는
카네이션 씨. 고마움을 전하는
꽃인 만큼 작은 하트 모양을
잔뜩 품에 안고 있다. 꽃다발의
모양을 한 '마음 다발'이랄까?
매년 5월이 되면 유독 외출이
잦아진다. 하루 아빠의
주머니에, 하루 엄마의 손가방에
달리는 날은 괜히 어깨가
으쓱하다.

1. 재단

카네이션은 재단 과정이 많은 편입니다. 먼저 빨간색 펠트를 하트
꽃잎 모양으로 6장 재단합니다. 초록색 펠트는 꽃받침 모양으로
1장, 줄기 모양으로 1장, 잎사귀 모양으로 1장씩 재단합니다.
그리고 앞장과 뒷장을 준비할 때 재단 과정이 한 번씩 더 있어요.
(실물 도안 119p)

2. 앞장

① 먼저 빨간색 하트 꽃잎 3장을 바탕이 되는 흰색 펠트 위에
고정합니다. 하트 꽃잎 가운데 중심선을 따라 밑에서 위로 올라오며
박음질해요. 이때 실은 얇은 빨간색을 사용해야 자연스럽습니다.

② 하트 꽃잎 3장을 잘 고정했다면, 사이사이에 하트 꽃잎 2장을
더 올리고 다시 박음질로 고정합니다. 그럼 꽃잎들이 2층으로 쌓인
모양이 되지요? 마지막으로 꽃잎 1장을 맨 위에 올리고 박음질하면
꽃잎 부분이 완성됩니다.

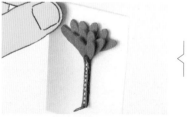

check
무청 줄기(57p)를 고정하는 방법
을 참고하세요.

③ 이제 줄기를 만들어볼게요. 꽃잎의 아래쪽에 줄기를 살짝 올린
후 흰색 실로 중심을 따라 내려가며 박음질합니다. 마지막 한 땀은
줄기 끝에 맞춰 흰색 펠트만 통과하도록 바늘을 빼낸 다음 끝을
감싸듯 박음질하며 마무리합니다.

④ 꽃받침을 꽃잎 위에 올리고 테두리를 흰색 실로 감침질합니다.
이때 꽃받침의 양 끝은 경계보다 살짝 더 위로 끌어올려, 꽃받침이
꽃잎을 감싸는 모양이 되도록 바느질합니다.

⑤ 잎사귀는 위 사진에서 흰 선으로 표시한 것처럼 중심선을 따라
2/3 정도 박음질해주세요.

⑥ 카네이션 테두리를 따라 2~3mm 여백을 두고 재단해요.

3. 뒷장

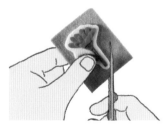

① 베이지색 펠트 위에 앞장을 올립니다. 앞장과 똑같은 크기로
뒷장을 재단합니다.
② 뒷장에 갈색 실로 옷핀을 고정합니다.

4. 합체
앞장과 뒷장을 합쳐주세요. 흰색 실로 버튼홀 스티치합니다.

완성!

파랑새

| 펠트 : 흰색, 하늘색, |
| 갈색, 고동색 |
| 실 : 흰색, 갈색 |
| 난이도 : ★★★ |

모두를 으쓱하게 만들어
주는 칭찬의 여왕. 어떤
누구에게서라도 근사한 점을
발견해내는 능력이 있다.
'파랑새는 모두를 칭찬해주는
구나. 그런데, 정작 파랑새는
누구한테 칭찬을 받지?' 하는
걱정에 물방울이 늘 따뜻한
한마디를 건넨다.

1. 재단

파랑새도 카네이션과 마찬가지로 앞장만 먼저 만들어요. 흰색
펠트를 새 모양으로 1장, 하늘색 펠트를 날개 모양으로 1장, 고동색
펠트를 부리 모양으로 1장 재단합니다. 앞장에 날개를 고정한 후,
그 모양에 맞추어 뒷장을 재단할 거예요. (실물 도안 119p)

2. 앞장

① 흰색 펠트 위에 하늘색 펠트를 감침질합니다. 흰색 펠트와
겹쳐지는 부분만 고정해주세요.

check
파랑새 날개에 무늬를 넣어줘도
예뻐요. 저는 눈꽃 무늬를 넣어볼
게요. 더블크로스 스티치(103p)
를 참고하세요.

② 흰색 펠트에 프렌치너트 스티치로 눈을 1개만 달아주세요. 눈
위치를 잡기가 어려운가요? 그럼 먼저 부리 위치를 잡은 후, 기화성
펜으로 눈을 표시하고 바느질해보세요.

3. 뒷장

① 뒷장이 될 갈색 펠트 위에 앞장을 올리고 재단합니다. 앞에서
봤을 때 뒷장이 보이지 않도록 깔끔하게 잘라주세요.

check
파랑새의 몸통 부분은 가위의 안쪽 날을, 날개 부분은 가위 끝 날을 사용하면 깔끔하
게 자를 수 있어요.

② 뒷장에 갈색 실로 옷핀을 고정합니다.

4. 합체

① 흰색 실을 사용하여 앞장과 뒷장을 버튼홀 스티치로 고정하다가 고동색 부리를 끼워박기할 부분에서 멈춰주세요.

② 부리를 끼워박기하고 다시 버튼홀 스티치로 마무리합니다.

완성!

PART 3 계절 따라 바느질

봄나들이

겨우내 잠들었던 꽃들이 깨어나는 봄입니다.

여기 노오란 병아리가 아빠를 따라 봄나들이를 가네요.

온 세상이 신기한 표정이에요.

아마 오늘은 평생 잊지 못할 날이 될 거예요!

| 봄산 | 벚꽃 | 나뭇잎 | 병아리 | 닭 |

봄산

펠트 : 연두색
실 : 흰색, 갈색, 노란색
난이도 : ★

미소가 예쁜 봄산. 따뜻한 햇살 밑에 눈 감고 앉아 있는 것을 좋아한다. 칭얼칭얼 병아리와 덤벙이 복숭아를 돌보다 보면 조금 지칠 때도 있지만 늘 변함없이 온화한 엄마 미소로 친구들을 바라봐준다.

1. 재단
연두색 펠트를 봄산의 삼각형 모양으로 2장 재단합니다. (실물 도안 121p)

2. 앞장
① 연두색 펠트 윗부분에 갈색 실로 눈, 코, 입을 만들어줍니다. 아랫부분에는 노란 유채꽃을 수놓을 거예요.

check
꼭 노란색 실을 사용하지 않아도 괜찮아요. 실 색깔에 따라 다른 느낌을 낼 수 있으니까요. 분홍색 실로 바느질하면 벚꽃잎이 떨어진 것 같겠죠?

② 굵은 노란색 실로 유채꽃을 만들어줍니다. 프렌치너트 스티치 4개를 마름모꼴로 수놓으면 꽃 한 송이가 완성됩니다. 스티치 후 바늘로 콕콕 찔러 모양을 잡아주면 유채꽃이 더 예뻐져요.

③ 각각의 꽃들을 위아래 지그재그로 수놓아보세요. 봄산에 꽃이 만발한 듯한 느낌이 날 거예요.

3. 뒷장
나머지 연두색 펠트에 갈색 실로 옷핀을 고정합니다.

4. 합체
앞장과 뒷장을 합쳐주세요. 흰색 실로 버튼홀 스티치합니다.

완성!

벚꽃

펠트 : 흰색
실 : 흰색, 분홍색, 갈색
난이도 : ★

말도 못 하게 부끄러움이 많은 벚꽃이. 하루의 친구가 원피스 주머니에 달린 벚꽃이를 보고 귀엽다고 말했을 때는 어찌나 뺨이 달아오르던지 얼굴이 동백꽃 색깔이 될 뻔했다. 계절이 바뀔 때마다 마음이 하늘하늘 흔들리는 감성의 소유자.

1. 재단
흰색 펠트를 꽃 모양으로 2장 재단합니다. (실물 도안 121p)

2. 앞장

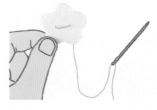

① 흰색 펠트에 굵은 분홍색 실로 꽃술을 바느질해요. 먼저 직선으로 길게 한 땀 홈질합니다.

② X자 모양으로 두 번 더 길게 땀을 떠서 ＊모양을 만들어주세요.

③ 땀의 끝마다 프렌치너트 스티치를 해주세요. 그럼 총 6개의 프렌치너트 스티치가 완성됩니다.

3. 뒷장
나머지 흰색 펠트에 갈색 실로 옷핀을 고정합니다.

4. 합체
앞장과 뒷장을 합쳐주세요. 흰색 실로 버튼홀 스티치합니다.

완성!

나뭇잎

펠트 : 연두색
실 : 흰색, 갈색
난이도 : ★

까르르까르르. 작은 일에도
데굴데굴 구르며 웃는 팔랑이
나뭇잎. 무뚝뚝한 친구들까지
무장해제시키는 붙임성 좋은
애교쟁이다. 게으름뱅이
낙엽이의 동생.

1. 재단

연두색 펠트를 나뭇잎 모양으로 2장 재단합니다. (실물 도안 121p)

2. 앞장

① 먼저 연두색 펠트에 기화성 펜으로 중심 잎맥을 그린 후, 갈색
실로 박음질해주세요.

② 중심 잎맥을 박음질한 후, 실을 끊지 않은 상태로 나머지
잎맥들을 만듭니다. 위에서부터 사선으로 한 땀씩 홈질해주세요.
이때 같은 쪽 잎맥들의 기울기를 평행하게, 간격도 일정하게 맞추는
게 중요합니다.

3. 뒷장

연두색 펠트에 갈색 실로 옷핀을 고정합니다. 옷핀은 세로로
달아주세요.

4. 합체

앞장과 뒷장을 합쳐주세요. 흰색 실로 버튼홀 스티치합니다.

완성!

<table>
<tr><td>병아리</td><td>펠트 : 연노란색, 흰색, 고동색
실 : 흰색, 갈색, 검정색
난이도 : ★★★</td></tr>
</table>

귀여운 질투쟁이 병아리.
까딱하면 샘을 내고, 팩! 하고
삐치는 통에 '삑삑이'라고도
불린다. 아빠 달그닭의 볏이
빨간 왕관 같다며, 자기도 갖고
싶다고 며칠째 칭얼대고 있는
중이다. 손이 많이 가는 꼬마지만
왠지 밉지가 않다.

1. 재단
연노란색 펠트는 병아리의 몸통 모양으로 2장 재단합니다. 흰색
펠트는 날개 모양, 고동색 펠트는 부리 모양으로 각각 1장씩
재단해주세요. (실물 도안 121p)

2. 앞장
① 연노란색 펠트에 흰색 펠트를 감침질하여 날개를 만듭니다.

② 한쪽 눈은 갈색 실로 프렌치너트 스티치해요.

3. 뒷장
나머지 연노란색 펠트에 갈색 실로 옷핀을 고정합니다.

4. 합체
① 앞장과 뒷장을 잘 겹쳐 잡고 흰색 실로 버튼홀 스티치를 하다가
부리를 넣을 곳에서 멈춰주세요.

② 부리는 끼워박기로 고정해줍니다.

> **check**
> 당근(44p)과 파랑새(75p) 끼워박기를 참고하세요.

③ 끼워박기가 끝나면 다시 버튼홀 스티치로 돌아갑니다. 처음
버튼홀 스티치를 시작한 곳까지 바느질하여 마무리합니다.

완성!

닭

펠트 : 흰색, 회색, 빨간색, 고동색
실 : 흰색, 갈색
난이도 : ★★★

성질이 급하고 목청이 큰
'달그닭'. 제일 먼저 일어나
분주하게 돌아다니고, 하루가
틴케이스 뚜껑을 연 채로
오래 고민하면 조바심이 나서
볏이 파르르 떨린다. 중요한
순간에 모두에게 큰 목소리로
안내방송을 해주는 든든한
반장의 역할도 한다.

1. 재단
흰색 펠트는 닭의 몸통 모양으로 2장 재단합니다. 회색 펠트는 날개
모양, 고동색 펠트는 부리 모양, 빨간색 펠트는 볏 모양으로 각각
1장씩 재단해주세요. (실물 도안 121p)

2. 앞장
닭은 병아리를 만드는 과정과 비슷해요. 여기에 볏을 끼워박기하는
과정만 추가됩니다.

① 흰색 펠트에 회색 펠트를 감침질하여 날개를 만듭니다.

② 한쪽 눈은 갈색 실로 프렌치너트 스티치해줍니다.

③ 닭의 목에 홈질로 무늬를 넣어주세요.

3. 뒷장
나머지 흰색 펠트에 갈색 실로 옷핀을 고정합니다.

4. 합체
① 앞장과 뒷장을 잘 겹쳐 잡고 흰색 실로 버튼홀 스티치를 하다가
빨간색 볏을 넣을 곳에서 멈춰주세요.

② 볏을 끼워박기로 고정해줍니다.

③ 볏의 끼워박기가 끝나면 다시 버튼홀 스티치로 앞장과 뒷장을
합칩니다.

④ 부리를 끼워박기로 고정합니다.

⑤ 다시 버튼홀 스티치로 마무리합니다.

완성!

여름의 소리

눈을 감고 여름을 떠올려요.
개골개골, 첨벙첨벙, 솨아아…
금세 시원한 소리가 귓속에 넘실거려요.
지난여름은 분명 덥고 힘들었는데, 그리운 건 왜일까요.

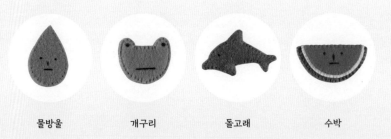

물방울   개구리   돌고래   수박

물방울

펠트 : 파란색
실 : 흰색, 갈색
난이도 : ★

대롱대롱 물방울이는 늘 걱정이
많다. 하루가 지각은 안 했을지,
가방에 달린 친구들이 비에 젖은
건 아닌지….
걱정이 심할수록 방울이
빵빵하게 부풀어오르기 때문에
친구들은 혹시 볼이 터지지는
않을까 불안해한다.

1. 재단
파란색 펠트를 물방울 모양으로 2장 재단합니다. (실물 도안 123p)

2. 앞장
파란색 펠트에 갈색 실로 눈, 코, 입을 만들어줍니다.

3. 뒷장
나머지 파란색 펠트에 갈색 실로 옷핀을 고정합니다.

4. 합체
앞장과 뒷장을 합쳐주세요. 흰색 실로 버튼홀 스티치합니다.

완성!

돌고래

펠트 : 진청색
실 : 흰색, 갈색
난이도 : ★

늘 넓은 바깥세상을 그리워하는
자유로운 영혼. 오랫동안
외출하지 못하면 눈가가
촉촉하게 젖어들며 슬픈 눈이
된다. 교감능력이 뛰어나 하루와
친구들의 마음을 잘 읽는다.
하루와 단둘이 바다 여행을
떠났던 그 여름을 아직도 잊지
못한다.

1. 재단
진청색 펠트를 돌고래 모양으로 2장 재단합니다. 돌고래는 형태가
복잡하므로 조심조심 천천히 잘라주세요. (실물 도안 123p)

2. 앞장
한쪽 눈은 갈색 실로 프렌치너트 스티치해줍니다.

3. 뒷장
나머지 진청색 펠트에 갈색 실로 옷핀을 고정합니다.

4. 합체

check
지느러미와 꼬리처럼 굴곡이 많은
부분은 손으로 더 세게 잡고 바느
질해주세요.

앞장과 뒷장을 합쳐주세요. 흰색 실로 버튼홀 스티치합니다.

완성!

개구리

펠트 : 연두색
실 : 흰색, 갈색
난이도 : ★

투덜이 박사 개구리. 아는 것도 많고 알고 싶은 건 더 많은 똘똘이. 가끔 친구의 질문에 '넌 그런 것도 모르니?' 하며 잘난 척 핀잔을 주어 마음을 상하게도 하지만, 결국엔 툴툴대면서도 다 가르쳐준다. 하루가 책방에 가는 날 안 데리고 가면 해가 질 때까지 불평을 한다.

1. 재단

연두색 펠트를 개구리 얼굴 모양으로 2장 재단합니다. (실물 도안 123p)

2. 앞장

연두색 펠트에 갈색 실로 양쪽 눈을 프렌치너트 스티치합니다. 이때 두 번 매듭을 지어 왕눈이 개구리가 되도록 만들어주세요.

> check
> 개구리 눈은 토끼의 코(54p)를 만드는 방법과 똑같아요. 프렌치너트 스티치가 기억나지 않는다면 반달(32p)을 참고하세요.

3. 뒷장

나머지 연두색 펠트에 갈색 실로 옷핀을 고정합니다.

4. 합체

앞장과 뒷장을 합쳐주세요. 흰색 실로 버튼홀 스티치합니다.

완성!

수박

펠트 : 흰색, 빨간색,
초록색
실 : 흰색, 갈색, 빨간색
난이도 : ★★

최고의 흥부자. 하루의 어설픈
콧노래에도 쉐킷쉐킷 몸을
흔들고 가방에 달려 자전거라도
타는 날에는 목이 쉬도록
소리를 지른다. 올봄 여행길에서
방방거리다가 하루의 옷에서
떨어지는 사고를 친 후, 친구들
중 유일하게 2개의 옷핀을 달게
되었다.

1. 재단

빨간색 펠트로 과육 1장, 얇은 흰색 펠트로 속껍질 1장, 초록색
펠트로 겉껍질 2장을 재단합니다. 크기는 빨간색보다 흰색이,
흰색보다 초록색이 더 크도록 잘라주세요. (실물 도안 123p)

2. 앞장

① 흰색 펠트 위에 빨간색 펠트를 겹칩니다. 이때 두 펠트의 위쪽
직선 부분을 잘 맞춰 잡아주세요. 그리고 얇은 빨간색 실로 빨간색
펠트의 곡선 부분만 먼저 감침질합니다.

② 초록색 펠트를 맨 아래 놓습니다. 이때도 직선 부분을 잘
맞춰 겹쳐주세요. 그리고 흰색 실로 흰색 펠트의 곡선 부분만
감침질해주세요.

③ 빨간색 펠트 위에 갈색 실로 눈, 코, 입을 만듭니다. 바늘이
펠트를 세 겹이나 통과해야 하기 때문에 조금 뻑뻑할 수 있어요.

3. 뒷장
나머지 초록색 펠트에 갈색 실로 옷핀을 고정합니다.

4. 합체
앞장과 뒷장을 합쳐주세요. 흰색 실로 버튼홀 스티치합니다.

완성!

가을밤

낙엽이 떨어지면,
고양이는 하루 곁에 가 머리를 부빕니다.
오늘따라 달이 참 밝네요.
당신이 쓸쓸하지 않게 옆에 있어줄게요.

낙엽   밤   고양이

낙엽

펠트 : 고동색
실 : 흰색, 갈색
난이도 : ★

바스락바스락, 낙엽이.
'으, 꼼짝하기 싫다~'라는 말을
입에 달고 사는 귀찮음쟁이.
하루와의 외출을 기대하는
다른 친구들과 달리 틴케이스
속에서 뒹굴뒹굴 굴러다니는 걸
더 좋아한다. 낯가림이 심하고
게으른 성격이 동생 나뭇잎과는
정반대다.

1. 재단

① 고동색 펠트에 도안을 대고 낙엽 모양으로 2장 재단합니다. (실물
도안 125p)

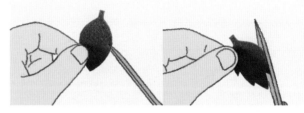

② 낙엽의 뾰족뾰족한 부분은 가위 끝날로 가위집을 낸 다음, 안쪽
날로 모양을 잘 다듬어주세요.

2. 앞장

① 고동색 펠트 1장에 갈색 실로 잎맥을 표현합니다. 먼저 기화성
펜으로 중심 잎맥을 그려주세요.

② 중심 잎맥을 박음질한 후, 나머지 잎맥은 사선으로 홈질하여
표현합니다.

> **check**
> 나뭇잎(81p)의 잎맥 만드는 방법을 참고하세요.

3. 뒷장

나머지 갈색 펠트에 갈색 실로 옷핀을 고정합니다. 세로로
달아주세요.

4. 합체

앞장과 뒷장을 합쳐주세요. 흰색 실로 버튼홀 스티치합니다.

완성!

밤

펠트 : 베이지색, 갈색
실 : 흰색, 갈색
난이도 : ★★

외로움, 가을 그리고 추위를
잘 타는 감수성 대왕 밤톨이.
그래서인지 밤껍질 부분이
마치 가을 느낌 물씬 나는
도톰한 스웨터를 입은 것처럼
보인다. 비가 추적추적 오거나
바람이 많이 부는 날에는 유독
쓸쓸해하기 때문에 누군가가 꼭
옆에 있어줘야 한다.

1. 재단
갈색 펠트를 밤 모양으로 2장. 베이지색 펠트는 밤의 아래쪽 껍질
모양으로 1장 재단합니다. (실물 도안 125p)

2. 앞장

① 갈색 펠트 위에 베이지색 펠트를 올리고 아랫부분을 잘
맞춥니다. 그리고 베이지색 펠트 윗부분만 감침질해주세요.
아랫부분은 마지막에 앞장과 뒷장을 합체할 때 버튼홀 스티치로
고정할 거예요.

② 갈색 펠트 위에 갈색 실로 눈, 코, 입을 만들어주세요.

③ 베이지색 펠트에 밤 무늬를 새겨볼까요? 갈색 실을 사용해
세로로 홈질합니다. 간격은 5mm 정도가 좋겠네요. 무늬 간격을
맞추는 게 어렵다면, 가운데부터 홈질을 시작해보세요. 양쪽 균형이
훨씬 잘 맞을 거예요.

3. 뒷장
나머지 갈색 펠트에 갈색 실로 옷핀을 고정합니다.

4. 합체
앞장과 뒷장을 합쳐주세요. 흰색 실로 버튼홀 스티치합니다.

완성!

소심하고 겁이 많은 냥이.
친구들의 이야기를 듣는 것을
좋아해 늘 대화에 귀를 기울이고
있지만 누가 무서운 이야기를
시작하면 얼른 틴케이스 구석에
숨어 몸을 잔뜩 웅크린다.
천둥이라도 치는 날에는 모두가
약속이나 한 듯 냥이 곁에 모여
겁먹지 않게 토닥여준다.

1. 재단

베이지색 펠트를 고양이 얼굴 모양으로 2장 재단합니다. (실물 도안
125p)

2. 앞장

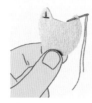

① 먼저 귀부터 만들어볼게요. 갈색 실을 사용하여 'ㅗ' 모양으로
홈질합니다.

② 실을 끊지 않고 이어서 코와 입을 만들어요. 역삼각형 모양으로
코를 새틴 스티치합니다.

> **check**
> 코는 강아지(39p)와 똑같은 방법이니 참고하세요.

③ 강아지 입 모양이 'ㅅ' 모양이었다면, 고양이는 둥근 'w'
모양이에요. 먼저 기화성 펜으로 인중과 입을 그린 뒤, 짧게짧게
끊어가며 박음질해서 곡선을 만들어주세요.

④ 기화성 펜으로 부리부리한 눈매와 눈동자도 그린 후, ③과
마찬가지로 짧게짧게 박음질하여 자연스러운 곡선을 만듭니다.

⑤ 눈동자 안은 새틴 스티치로 채웁니다. 가로로 홈질하듯
바느질해주세요.

⑥ 이제 수염을 만들 차례예요. 기화성 펜으로 좌우 대칭을 맞춰 수염을 그린 후, 양쪽으로 두 번씩 한 땀짜리 홈질을 해주세요.

3. 뒷장
나머지 베이지색 펠트에 갈색 실로 옷핀을 고정합니다.

4. 합체
앞장과 뒷장을 합쳐주세요. 흰색 실로 버튼홀 스티치합니다.

완성!

온 세상이 하얗게

펑펑 눈이 내려요.
하루는 얼른 뛰어가 눈사람을 만들었어요.
눈사람이 추울까 봐 목도리도 둘러줬답니다.
눈이 계속 오네요.
마음속에도 가만가만 따뜻함이 쌓여요.

겨울산   구름   양말   동백꽃   눈사람

겨울산

펠트 : 흰색, 연두색
실 : 흰색, 굵은 흰색, 갈색
난이도 : ★★

우직함의 대명사 겨울산 씨.
과묵하고 점잖으며, 하루가
건드리지 않는 한 미동도 없이
자기 자리를 지킨다. 하지만 더운
날씨를 무척 싫어해서 해가 쨍쨍
내리쬐는 날 하루가 틴케이스
뚜껑을 열면 놀라울 만큼 날렵한
몸짓으로 수박이 뒤에 숨는다.

1. 재단
연두색 펠트를 산 모양으로 2장, 흰색 펠트를 산꼭대기에 쌓인 눈 모양으로 1장 재단합니다. (실물 도안 127p)

2. 앞장
① 연두색 펠트 위에 흰색 펠트를 겹쳐줍니다. 흰색 펠트의 아래쪽만 감침질하여 연두색 펠트와 고정시켜요. 다른 쪽 테두리들은 앞장과 뒷장을 합체할 때 버튼홀 스티치로 고정할 거예요.

② 갈색 실로 눈, 코, 입을 만들어주세요.

check
눈꽃을 표현할 때는 버튼홀 스티치에 사용하는 흰색 실보다 굵은 흰색 실을 사용해요. 만약 굵은 실이 없다면 얇은 실을 두 겹 겹쳐서 바느질해도 좋아요.

③ 굵은 흰색 실로 눈꽃을 표현합니다. 먼저 가로로 홈질한 다음, X 모양으로 홈질합니다. 이때 땀을 과감하게 넣어주세요. 완성하고 나면 생각보다 길지 않을 거예요.

3. 뒷장
나머지 연두색 펠트에 갈색 실로 옷핀을 고정합니다.

4. 합체
앞장과 뒷장을 합쳐주세요. 흰색 실로 버튼홀 스티치합니다.

완성!

구름

펠트 : 흰색
실 : 흰색, 갈색
난이도 : ★

떠돌이 구름이. 친구들은 다들
'몽실이'라 부른다. 늘 말이
없는 구름이는 소리소문없이
사라졌다 하루가 집에 돌아올
시간만 되면 어디선가 나타나는
미스터리한 존재. 기분 좋은 날은
솜사탕처럼 부드럽지만, 기분이
나쁜 날에는 얼굴이 회색빛으로
변해 인상을 찌푸린다.

1. 재단
흰색 펠트를 길쭉하고 둥근 타원 모양으로 2장 재단합니다. (실물
도안 127p)

2. 앞장
흰색 펠트에 갈색 실로 눈. 코. 입을 만들어주세요.

3. 뒷장
나머지 흰색 펠트에 갈색 실로 옷핀을 고정합니다.

4. 합체
앞장과 뒷장을 합쳐주세요. 흰색 실로 버튼홀 스티치합니다.

완성!

양말

펠트 : 흰색
실 : 흰색, 갈색
난이도 : ★

틴케이스 속 최고의 잔소리꾼.
말썽쟁이 강아지들도
장난꾸러기 토마토도 양말이가
가까이 오면 슬슬 뒷걸음질을
친다. '옷핀 입을 꼭 다물고
있지 않으면 친구가 찔린다고!',
'뚜껑이 열리면 숨도 쉬면 안
된다니까' 등등… 설교가 한번
시작되면 언제 끝날지 아무도
모른다.

1. 재단
흰색 펠트를 양말 모양으로 2장 재단합니다. (실물 도안 127p)

2. 앞장
① 흰색 펠트에 갈색 실로 눈, 코, 입을 만들어주세요.

② 눈, 코, 입 위에 양말의 발목 주름을 표현합니다. 갈색 실을
사용하여 세로로 짧게 홈질해주세요.

3. 뒷장
나머지 흰색 펠트에 갈색 실로 옷핀을 고정합니다.

4. 합체
앞장과 뒷장을 합쳐주세요. 흰색 실로 버튼홀 스티치합니다.

완성!

동백꽃

펠트 : 빨간색, 초록색	
실 : 갈색, 빨간색, 노란색	
난이도 : ★★★	

도도한 깔끔쟁이 동백꽃. 하루가
뿌리는 은은한 향수 냄새를
부러워해서 같이 외출하는
날엔 그 향기를 조금이라도
더 묻혀보려 애쓴다. 지저분한
것은 질색. 작은 티끌이라도
내려앉으면 사람들 몰래
슬쩍슬쩍 몸을 흔들어 털어낸다.
화려한 빨간색에 대한 자부심이
있다.

1. 재단

빨간색 펠트를 큰 동백꽃 모양으로 2장, 작은 동백꽃 모양으로 1장
재단합니다. 초록색 펠트는 잎사귀 모양으로 1장 재단합니다. (실물
도안 127p)

2. 앞장

① 작은 동백꽃 펠트를 큰 동백꽃 펠트 중앙에 놓고 감침질로
고정해줍니다. 얇은 빨간색 실을 사용하면 훨씬 자연스러워요.

② 꽃술을 만들어볼게요. 굵은 노란색 실로 프렌치너트 스티치
7개를 수놓아요. 빨간색 펠트의 중심을 기준으로 위에 3개, 아래에
4개 배치해주세요.

3. 뒷장

큰 빨간색 펠트 뒤에 갈색 실로 옷핀을 고정합니다.

4. 합체

① 앞장과 뒷장을 잘 겹쳐 잡고 얇은 빨간색 실로 버튼홀 스티치를
시작합니다. 초록색 잎사귀를 끼워박기할 곳에서 멈춰주세요.

② 앞장과 뒷장 사이에 잎사귀를 끼워박기하고 버튼홀 스티치로
마무리합니다.

완성!

눈사람

펠트 : 흰색, 빨간색
실 : 흰색, 갈색, 빨간색
난이도 : ★★★

크리스마스 전날 태어난
겨울둥이지만, 마음만은
뜨끈뜨끈 따뜻해서 '호빵'이라는
엉뚱한 별명이 붙었다. 고민을
잘 들어줘 틴케이스 속
상담소장으로 통한다. 가방이나
옷을 타고 세상 구경하는 것도
즐겁지만, 자석이 되어 냉장고에
딱 붙어 있는 걸 제일 좋아한다.

1. 재단

흰색 펠트로 눈사람 모양 2장, 빨간색 펠트로 길이가 다른 목도리
조각 2개를 만들어주세요. 목도리는 눈사람의 목둘레보다 약간
넉넉한 크기로 재단합니다. (실물 도안 127p)

2. 앞장

① 흰색 펠트에 갈색 실로 눈, 코, 입을 만들어주세요.

② 목도리 조각 2개를 흰색 펠트에 감침질로 고정할 거예요. 먼저
눈사람의 목을 감싸는 목도리 조각부터 흰색 펠트 위에 올립니다.
목도리의 양옆과 아래를 제외하고 위쪽만 얇은 빨간색 실로
감침질해주세요.

③ 목도리의 아래쪽은 왼쪽에서 오른쪽으로 1/2 정도만 감침질한
후 나머지 목도리 조각을 끼워 넣고 다시 테두리를 감침질합니다.

④ 프렌치너트 스티치를 이용해 눈사람의 단추를 2개 만듭니다.

3. 뒷장

나머지 흰색 펠트에 갈색 실로 옷핀을 고정합니다.

4. 합체

앞장과 뒷장을 합쳐주세요. 흰색 실로 버튼홀 스티치합니다.

> **check**
> 목도리 양쪽으로 볼록하게 튀어나온 부분을 따라 그대로 버튼홀 스티치해
> 주세요. 그러면 눈사람이 정말 목도리를 두르고 있는 것처럼 보인답니다.

완성!

지금까지 틴케이스 속 펠트 브로치 친구들을 모두 만나보았어요.

바느질이 어렵지는 않았나요?
아직 바느질이 익숙하지 않은 분들을 위해
브로치 친구들을 만드는 데 필요한 바느질법을 모두 정리해봤어요.
조금 까다로운 바느질인 버튼홀 스티치를 할 때 알아두면 좋은 팁과
이 책에 쓰인 기본 바느질을 총정리했습니다.

영상 튜토리얼도 준비했으니 꼭 활용해주세요.
QR코드를 찍으면 바로 영상을 볼 수 있어요.
또는 자기만의 방 유튜브에 오시면 다양한 정보들이 있습니다.
youtube.com/jabang2017

버튼홀 스티치 Point Lesson

버튼홀 스티치를 하다가 뾰족한 부분을 만났을 때

저는 주로 뾰족한 부분은 건너뛰고 바느질합니다. 이때는 실을 위로
잡아당기는 순간이 중요한데요. 실이 앞뒤 장 가운데로 오게 잘
당겨주세요. 어때요. 실이 펠트 앞장과 뒷장 사이로 쏙 들어가면서
깔끔하게 숨겨지지 않나요?

버튼홀 스티치를 하다가 쏙 들어간 부분을 만났을 때

바늘을 쏙 들어간 부분에 딱 맞춰 찔러넣고 버튼홀 스티치를
합니다. 이 부분을 실로 꽉 잡아주지 않으면 다음 땀을 바느질할 때
실이 떠서 펠트 밖으로 보일 수도 있거든요.

버튼홀 스티치 중간에 실이 부족하다면
앞장과 뒷장을 버튼홀 스티치로 바느질하다 보면 중간에 실이
모자랄 때가 있습니다. 그럴 땐 새로운 실로 자연스럽게 연결하면
돼요. 영상을 보시면 훨씬 이해하기 쉬울 거예요.

1. 홈질 Running Stitch

위아래로 바늘을 통과하면서 고른 땀을 뜨는 기법입니다. 무표정의
코와 입처럼 짧은 직선을 표현할 때 사용해요.

 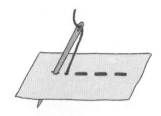

2. 박음질 Back Stitch

박음질은 늘 한 땀 앞에서 뒤로 되돌아가면서 바느질합니다. 간격
없이 촘촘하게 바느질하여 연속적인 직선이나 곡선을 만들 수
있어요.

3. 프렌치너트 스티치 French Knot Stitch

'프랑스식 매듭'이라는 이름 그대로 동그란 매듭을 짓는
기법이에요. 우리 책에서는 눈과 꽃술 등을 만들 때 프렌치너트
스티치를 사용했어요.

 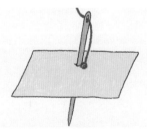

4. 감침질 Whip Stitch

바탕이 되는 펠트 위에 작은 펠트를 덧붙일 때 사용해요. 작은
펠트의 테두리를 꿰매는 단순한 과정이지만, 결과물을 보면 자꾸
사용하고 싶은 바느질이랍니다.

 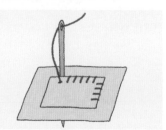

5. 새틴 스티치 Satin Stitch

박음질로 가이드라인을 만들고 그 안을 홈질로 평행하게 채워 면을
만들어요. 동물의 눈이나 코를 만들 때 사용하는데요.
실만으로도 도톰한 입체감이 생겨요.

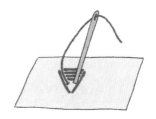

6. 버튼홀 스티치 Buttonhole Stitch

오늘 단추가 달린 옷을 입었다면 단추 구멍을 잘 살펴보세요.
겉감과 안감을 합친 후 테두리를 잘 꿰매놨죠? 버튼홀 스티치는
이렇게 크기가 같은 원단 2장을 합칠 때 사용해요. 펠트 브로치의
앞장과 뒷장은 언제나 버튼홀 스티치로 합체해요.

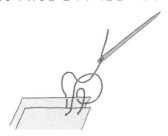

7. 버튼홀 스티치 – 끼워박기

끼워박기는 버튼홀 스티치를 하는 중간에 새로운 펠트를 추가로
연결할 때 사용하는 바느질 기법이에요. 앞장과 뒷장 사이에 꼭지나
이파리 등을 1장 끼워 총 3장을 한꺼번에 바느질해요.

번외) 더블크로스 스티치 Double Cross Stitch

십자가 모양을 두 번 내서 눈꽃 모양의 무늬를 표현하고 싶을 때
더블크로스 스티치를 사용합니다. 우리 책에는 벚꽃과 겨울산,
파랑새에 이 기법을 응용해 * 무늬를 만들었어요. 왼쪽 QR코드를
찍어 영상을 참고해주세요.

어린 시절부터 무엇인가 만들고 그리는 것을 좋아했지만,
원하는 대로 색칠을 잘 하지 못해 만족하지 못한 그림으로
완성되는 일이 많았습니다. 그러다 그림 그리는 것을 가위가,
늘 만족하지 못했던 색칠을 알록달록 다양한 색의 펠트가
채워주었어요. 자유롭게 펠트를 오리며 모양을 완성하고,
간단한 바느질로 표정을 만들어주었습니다. 처음엔 바느질이
삐뚤빼뚤했어요. 종이에만 그렸던 작은 그림들이 펠트와
바느질을 통해 귀여운 친구들로 완성되는 것이 신기했습니다.
그리고 점점 제 그림을 좋아하게 되었습니다.

많은 계절이 지나고, <봄이 머무는 곳, 하루네집>을 시작한
지 7년이 지났습니다.
어린 시절에도, 어른이 되어 회사를 다닐 때에도,
핸드메이드 작업자로 사는 지금도 바늘과 가위는 저에게
좋은 친구입니다. 긴 하루를 보내며 기억에 남는 일상의
작고 귀여운 것을 만들면서 복잡했던 하루가 정리되고, 큰
위로를 받습니다. 만든 것을 곁에 있는 사람들에게 건네며
위로하기도 하고요.

여러 수업을 진행하면서, '저 같은 곰(똥)손도 완성할 수
있나요?', 'OO지역에서 수업 열어주세요!'라는 질문과 의견을
많이 듣습니다. 이 책에 나오는 간단한 바느질과 작은 그림만
있다면, 어디에서나 우리의 곁을 함께할 친구들을 만들 수
있어요. 저도 함께 응원하고, 계속 개발하고, 귀여운 것들
오래오래 만들겠습니다.

그리고 이 책은 제 귀여운 친구들의 이야기도 함께
담았습니다. 제 작은 그림들이 이야기를 담고,
사랑받을 수 있어서 기쁩니다.

늘 지지해주는 사랑하는 가족들과 친구, 제 귀여운 펠트
브로치 친구들과 저의 통통한 손을 예쁘게 그려주신 서평화
작가님, 하루의 이야기를 만들어주신 황국영 작가님,
도움주신 손길들 그리고 한 땀 한 땀 땀이 고른 박음질과
같은 과정으로 수고해주신 자방팀 민, 희, 소, 령 님께 감사를
전합니다.

2020년 2월
장혜미

Editor's letter

보통의 실용 정보서와는 다른 책으로 만들고 싶어 욕심을 부렸습니다. 많은 분들의 도움이 없었다면 이런 '뿌듯한 형태'로 태어나지 못했을 겁니다. 브로치 하나하나에 따스한 동화로 숨을 불어넣어주신 황국영 작가님, 따로 그림책을 내도 좋을 만큼 예쁜 작품을 그려주신 서평화 작가님, 멋지게 찍어주신 로만메이드 스튜디오, 일일이 수작업으로 키트를 만들어주신 하루네집 크루 여러분들께 '찐'심으로 감사드립니다. **민**

2017년 4월 6일. 작가님을 처음 만난 날입니다. 4월이었지만 조금 쌀쌀했던 날로 기억합니다. 그로부터 3년이 되어가는 지금, 크고 작은 변화들이 있었습니다. 직장인이었던 작가님은 현재 작가로서만 활동하고 있고, 미혼에서 기혼으로, 서울에서 강원도로 이동하는 변화를 겪으셨거든요. (지켜본 사람으로서) 무엇보다 큰 변화는 3년 전보다 훨씬 더 평온해 보인다는 점입니다. 함께 책을 만드는 사람들과 나이 들어가고 싶다 생각하곤 합니다. 귀여운 걸 오래오래 만드는 사람이 되고 싶은 작가님의 장래희망을 곁에서 지켜보고 싶습니다. 그렇게 함께 나이 들어가는 호호백발 편집자와 작가, 조금 멋질 것 같습니다. **희**

폭신한 펠트를 만지작거리다 보면 뾰족했던 마음이 누그러지는 것 같아요. 서투르면 서투른 대로, 한 땀 한 땀 내 손으로 바느질하는 시간을 통해 우리 마음도 작고 귀여워지기를 바랍니다. **소**

책에 나오는 펠트 브로치 43개를 전부 만들어봤습니다. 어떻게 하면 조금이라도 더 쉽게 읽으실까. '펠트 밑? 뒤? 아래?' '바늘을 찔러서? 넣어서?' 혼란스러울 때마다 펠트를 잡았어요. 책이 나올 때가 되니 바느질만 늘어 이제는 준 공예가(?) 소리를 듣습니다. 흠흠. 근데 이게 중독이 심해서요. 회사에 있는 내내 펠트와 실, 바늘을 끼고 살았으면서 집에 가면 또 새로운 것을 만들고 있네요(살려주세요). 역시, '하나만 만들려다가 취미가 된다'는 카피가 그냥 나온 것이 아니었습니다. **령**

작고 귀여운 펠트 브로치

1판 1쇄 발행일 2020년 2월 25일

지은이 장혜미
그린이 서평화
발행인 김학원
발행처 (주)휴머니스트출판그룹
출판등록 제313-2007-000007호(2007년 1월 5일)
주소 (03991) 서울시 마포구 동교로23길 76(연남동)
전화 02-335-4422   **팩스** 02-334-3427
저자 · 독자 서비스 humanist@humanistbooks.com
홈페이지 www.humanistbooks.com
시리즈 홈페이지 blog.naver.com/jabang2017
동화 황국영 **사진** 로만메이드 스튜디오 **키트 제작 도움** 박주동, 신정혜,
신정희, 이누리, 이은소, 이한나, 임새롬, 그리고 새온이와 두리
디자인 디자인 이프 **용지** 화인페이퍼 **인쇄** 삼조인쇄 **제본** 정민문화사

자기만의 방은 (주)휴머니스트출판그룹의 지식실용 브랜드입니다.

ⓒ 장혜미, 2020
일러스트레이션 ⓒ **서평화, 2020**
ISBN 979-11-6080-363-1 13630

이 도서의 국립중앙도서관 출판예정도서목록(CIP)은 서지정보유통지원시스템 홈페이지 (http://seoji.nl.go.kr)와 국가자료공동목록시스템(http://www.nl.go.kr/kolisnet)에서 이용하실 수 있습니다. (CIP제어번호: CIP2020007473)

부록

실물 도안 이렇게 사용하세요

모든 도안은 축소를 하지 않은 100% 실제 사이즈입니다.
따로 확대 복사를 할 필요 없이 바로 잘라서 편리하게 사용하세요.

도안을 사용하는 방법 2가지

1. 도안을 펠트 위에 올려놓고 손으로 고정하며 재단합니다.
2. 펠트 위에 도안을 대고 기화성 펜으로 그린 후 재단합니다.

재단 Tip

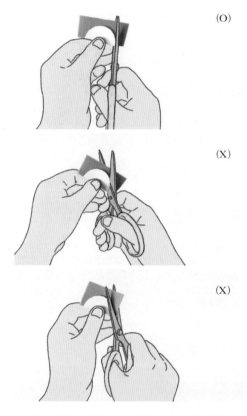

(O)

(X)

(X)

1. 펠트 위에 도안을 대고 가위로 자를 때, 가위의 날을 직각으로
유지하면 깔끔하게 재단할 수 있어요. 날이 안쪽이나 바깥쪽으로
꺾이지 않게 잘라주세요.

2. 도안을 옮기면서 펠트 모양이 변형될 수 있으니 조심조심 자르는
게 좋아요. 하지만 너무 스트레스 받지는 마세요. 펠트 모양이 조금
삐뚤삐뚤해도 귀여운 펠트 브로치를 만들 수 있어요.

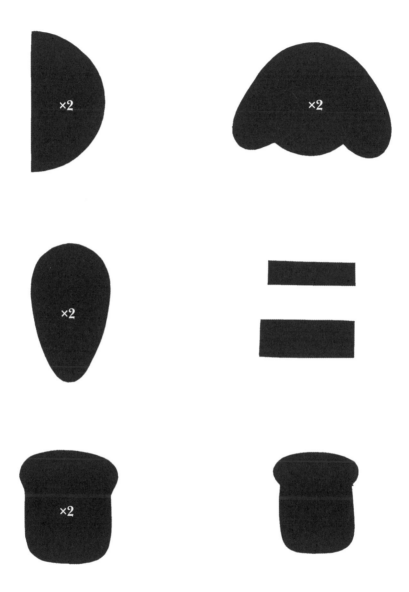

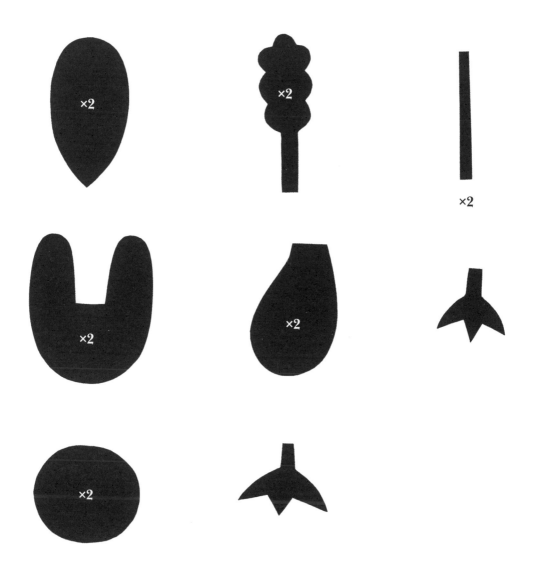

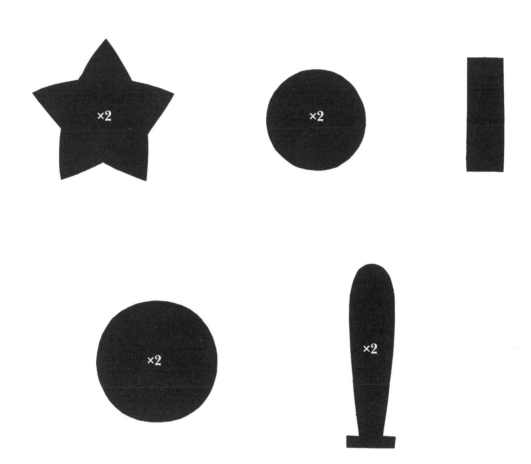

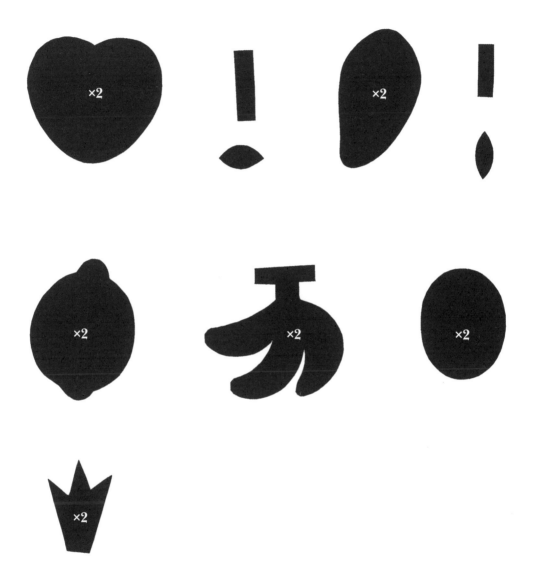

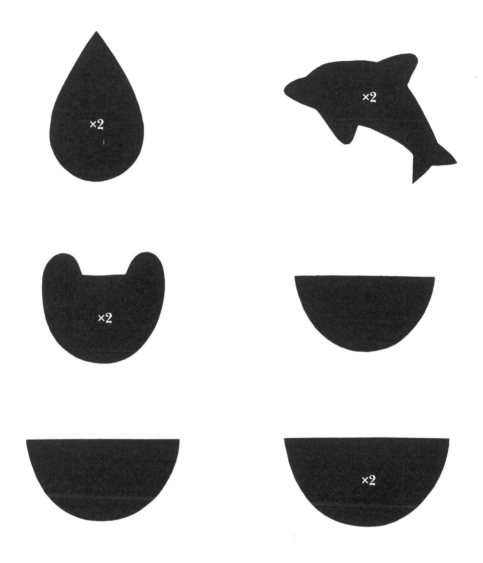

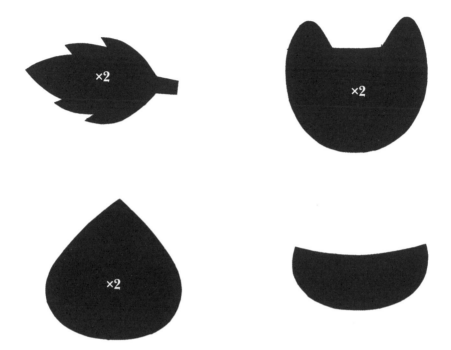

자기만의 방 X 삼성토탈 사장님 in 동대문 문구짜째상가

자기만의 방 마을소식지 2020-1호

311호 입주를 환영합니다

'3관 취미예술관'의 311호 → 플러쉬/작/귀행 『작고 귀여운 펠트 브로치』를 선택한 여러분은 이제 자기만의 방 주민이 되셨습니다. 만세!!

3관 취미예술관의 만들기 책은 꼬물꼬물~ 사부작 사부작~ 손으로 만드는 기쁨을 담고 있어요. 『작.귀.펠』에는 보드라운 펠트 위에 한땀 한 땀~ 바느질하는 재미와, 세상에 하나뿐인 나만의 것을 가진다는 뿌듯함이 있답니다~

안녕하세요! 연남동에서 책을 만들고 있는 '자기만의 방' 입니다. (줄여서 '자방' 이라고도 불려요~)

→ 마을 소식을 더 빨리 알고 싶다면
✱ 인스타 @_jabong
유튜브 '자기만의 방' (이라고 검색 하세요)

'자기만의 방 마을'은 가상의 작은 마을입니다. :)

지방의 책을 선택한 여러분은 이 마을의 주민이 되었습니다. 마을에는 다섯 채의 주요 건물이 있습니다. 각 건물은 우리의 일상에 어떤 역할을 하는지에 따라 나뉘는데요.

1관. 생활관 - 나를 돌보는 라이프스타일을 제안합니다.
2관. 여행관 - 오늘이 행복해지는 여행을 소개해요.
3관. 취미예술관 - 아티스트처럼 몰입할 수 있는 취미예술을 찾아봐요.
4관. 심신수련관 - 몸과 마음을 돌보는 방법을 배웁니다.
5관. 문학관 - 삶의 태도를 제안합니다.

이런 가상의 마을을 만드는 이유는 아주 심플합니다. 우리만의 취향으로 세를 만들고 싶었어요. 비슷한 고민을 하고, 비슷한 것을 좋아하고 지향하는 삶의 태도가 같은 방향이 사부작들을 위한 책. 그런 책을 통해 소통하고 싶었습니다. 주민이 되면, 우리 '좋은사람' 두가지로 사이를 맺어 서로 응원하고, 서로 즐거움을 갖고 믿을 수 있는, 의지하기도 하고 응원해주는, 상대가 좋아하는 일을 기꺼이 뉴는 그런 사이가 되었으면 좋겠습니다.

앞으로도 친하게 지내요. 입주를 축하합니다. :)

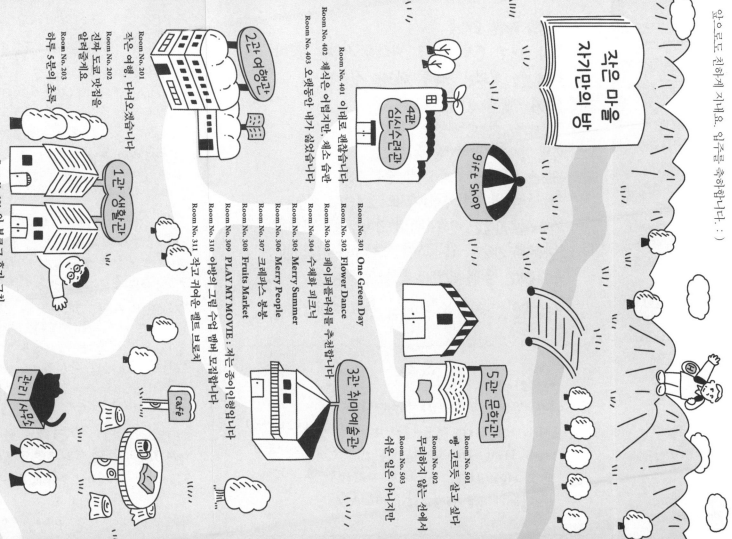

작은 마을 자기만의 방

Gift Shop
café

2관 요양관
Room No. 201 작은 여행. 다녀오겠습니다
Room No. 202 진짜 드림 맛집을 입력중입니다
Room No. 203 하루 5분의 초록

1관 생활관
Room No. 101 인 부르고 찾아 고림
Room No. 102 좋아하는 곳에 쉴고 있나요?
Room No. 103 구멍엔 옷장 정리

4관 심신수련관
Room No. 401 이태토 랜플릿입니다
Room No. 402 채소은 어렵지만, 채소 습관
Room No. 403 오방통안 내가 쉬었습니다

3관 취미예술관
Room No. 301 One Green Day
Room No. 302 Flower Dance
Room No. 303 페이퍼플라워를 추천합니다
Room No. 304 수제화 피크닉
Room No. 305 Merry Summer
Room No. 306 Merry People
Room No. 307 크레파스 부럽
Room No. 308 Fruits Market
Room No. 309 PLAY MY MOVIE : 저는 종이입랍니다
Room No. 310 아빠의 그림 수월 펜써 모검함니다
Room No. 311 작고 귀여운 펠트 브로치

5관 문학관
Room No. 501 빵 고들르 살고 싶다
Room No. 502 무리하지 않은 선에서
Room No. 503 쉬운 입은 아니지만

우리는 실과 바늘 같은 42..♥

<미처 전하지 못한 말>

- 추신. 작가님께, 저는 아직도 자다가 바느질 하는 꿈을 꿔요..
- : 작가님 목 디스크는 아무리 생각해도 저때문...
- : 숫자가 붙나봐요. <그래도 사랑해>♫

펠트와 동거동락하던 지난 몇 달간, 궁금한 것이 생길 때마다 다양한 방법으로 '장혜미 작가님(^^)'을 괴롭혀드렸습니다.

문자 카톡 , ✉ 이메일, 전화, DM…. 심지어 영상통화까지..!
본의 아니게 작가님 민낯도 보고 랜선 집들이 하고 그랬네요..네..

그뿐인가요. 그림을 그려주신 '서평화 작가님(❀)'도 가만두지 않았습니다. 이미지 수정이 필요할 때마다 설명할 재주가 없어 저희가 직접 그림을 그려야 했어요. 하핳 ><

위의 사진은 『작.키.펠』 디자인을 담당하신 <디자인 이프> '유경아 실장님'께서 그리신 그림인데요 이 그림이 서평화 작가님 손에서 지금의 준비물 그림(p.22)으로 탄생하겠습니다. 너무 명료♫하며 표지까지 되었으니 저희가 얼마나 끈끈한지 아시겠죠? 하하..

주민 여러분도 『작.키.펠』을 통해 저희와 실과 바늘처럼 이어진다면 좋겠네요.♥

바느질에 몰두하던 시기가 있습니다. 회사생활이 힘들고 마음이 번잡할 때였어요. 사서 쓰면 더 저렴할 물건들을 시간과 돈을 들여가며 손바느질로 만들었습니다. 그 시간이 마치 명상시간과도 같았거든요. 삐뚤삐뚤하더라도 무언가 완성할 때면 성취감도 컸습니다. 친구들에게 선물하는 기쁨도 있었고요.

3년 전, 인스타그램의 추천 알고리즘을 따라 이리저리 떠돌다가 눈코입이 달린 귀엽고 사랑스러운 펠트 브로치를 발견한 순간, 바느질하던 고요한 시간을 자방의 주민들에게도 선물하고 싶었어요. <작고 귀여운 펠트 브로치>를 시작한 마음입니다.

이 책에서 자방이 특별히 시도했던 부분은 '하루의 이야기'입니다. 펠트 브로치 하나하나에 애정을 담고 싶었어요. 내 손으로 만드는 작고 귀여운 존재에게 자기만의 이야기가 있다면 더 의미있을 것 같았거든요. (^ᴗ^) 또, 사진 속 바느질하는 손을 '하루'의 순서처럼 표현하려고 새롭게 시도해보았어요. 스튜디오에서 촬영한 사진에 서평화 작가님이 일러스트 작업을 하셨거든요. 피땀눈물의 대장정이었습니다 ㄲㅠ

자기만의 방에게 <작구펠>을 특히 더 소중한데요. 두 사람의 '처음'이 만난 책이거든요. 이 책을 장혜미 작가님의 첫책이자, 에디터 령이 담당 편집한 첫책이랍니다. 자방마을 주민여러분! '처음'의 에너지가 가득 담긴 이 책과 함께 처음으로 바느질하는 기쁨을 즐겨보시기를 바랄게요!

≪ 왼쪽이 장혜미 작가님
오른쪽이 에디터 령

자방의 위대한 도전!
우리 자방은 인생 처음으로 바느질을 시작하는 분들께 의미 있고 특별한 선물을 해드리고 싶었어요. 그래서 기본 바느질 재료들을 모두 담아, 『작.키.펠』 한정판 키트를 만들었습니다. 이번 동대문 시장 출장을 통해, 따뜻한 정을 느낄 수 있어 참 좋았는데요. 특히 도움을 하나하나 설명해주시고 모범 커피도 사주신 '삼성포탈' 사장님. 설날 연휴 와중에도 원입 소홀히해주신 '태양이네' 사장님. 감사합니다. 모두모두 잊지 않을게요.
독자분들께도 동대문 바이브가 전해지길 바랍니다.
이만 총총. '동대문 X 『작.키.펠』 온라인 피셜!

안녕하세요.
<봄이 머무는 곳. 하루네집> 장혜미입니다.
드디어, 작고 귀여운 펠트 브로치 가 나왔어요. (짝짝짝)
여러분 곁에도 이제 귀여운 친구들이 가득해질거예요 !!!
꼭, 꼭 시도해보시고, 저에게도 자랑해주세요 :-)
바느질하기 좋은 계절, 함께해요♥

SPECIAL THANKS TO

귀여움에 반해버린 펠트 브로치! 그렇기에 보통의 실용 정보서처럼 만들고 싶지 않았던 자방텀을 기획팀에서 욕심을 부리게 됩니다. 브로치들이 모두 등장하는 '스토리'를 글과 그림으로 담아보기로 한 거죠.

거기다 사진은 또 사진대로 찍어야 했고, 너무나 작고 수많은 녀석들이다 보니 실사로는 포인트가 잘 보이지 않아 온 모양들을 그려넣어야 했고, 영상으로 배우는 튜토리얼도 만들어야 해 키트를 키트대로 하나하나 실을 감고 포장해야 했지요.

많은 분들의 즐거운 도움이 아니었다면 『작.키.펠』은 이토록 '훌륭한 형태'로 태어나지 못했을 거예요. 브로치 하나가 방송속의 동료로 숨을 불어넣어주신 황규영 작가님, 때로 책을 너무 좋을 만큼 예쁜 작품들을 그려주신 서정화 작가님, 멋지게 찍어주신 로만로메이드 스튜디오, 만들기 사진 위에 손을 다시 그려주신 서정화 작가님2, 복잡한 내용들 놀라운 만큼 심플한 결과물로 정돈해주신 디자인 이프 실장님, 엄청난 수작업으로 세상에 없던 키트를 만들 '하루네집' 크루 여러분, 비클로즈업 일대의 험난한 손가이의 보기 좋은 영상 튜토리얼로 편집해주신 강규빈님.

그리고 이 모두가 가능하도록 팔을 걷고 몇 번이나 작다 만들고 원고를 쓰고 키트 작업보조장 역까지 도맡아 장혜미 작가님께 무한한 감사를 드립니다.

작.펠 X 10000000000000000GO!!!!!